去京都排行程！

這樣

暢銷最新版

從新手到玩家 **30+** 最強路線攻略，

200+ 食宿玩買必推景點全制霸！

沙米、阿希 著

國境解封後的日旅注意事項

在台灣放寬對疫情的出入境限制後，很多人出國的第一選擇都是到日本。但別忘了疫情沒有消失，不管台灣或日本，在疫情之後的觀光旅遊政策都有一些變化。如果你以前已去日本玩過好幾次，而現在仍抱持著一樣「說走就走」的想法直衝日本，那可能會因為「一時大意沒有查」的結果，卡在某些出入關流程、或在日本當地發生一些問題。建議你花 3 分鐘快速看完以下重點，順便檢查一下是否自己都做好準備囉！

※ 防疫政策、出入境手續，可能依疫情變化而時常改變。以下資訊以概念性為主，實際最新狀況請隨時到相關網站查詢。

檢查護照是否已過期、快過期

大部份的國人因為疫情關係，至少有兩年多不曾出國，也許就在這兩年你的護照剛好要過期了，如果有出國計畫，第一步就是打開護照看一下「效期截止日期」，因現在換發護照的人潮眾多，至少提前兩週去辦理比較保險，並且記得順便辦快速通關喔！

※ 若要換發護照但沒時間排隊，也可找旅行社代辦。

※ 若之前沒有護照，第一次申辦的人，可就近到任一個戶政事務所，現在臨櫃有提供「一站式服務」，新辦護照也可以受理。

 外交部領事事務局　　　　　　　 戶政事務所辦理護照說明

確認最新入境政策

日本於 2023 年 4 月 29 日起新冠肺炎降級，室內外口罩令已經解除，4 月 29 日降級後也不再看疫苗證明及 PCR 證明了。建議於出發前至少兩週查詢官方簽證及檢疫網站，確認最新入境規定。

 數位疫苗證明
線上申請　　　　　　　　　　　 外交部的前往日本須知

線上填寫 Visit Japan Web（VJW），加快入境日本

以前飛往日本，在機上都會發兩張紙本的單子，一張是入境卡（下飛機第一關檢查護照時要交）、一張是給海關用的（有無攜帶違禁品，拿行李出海關時要交）。現在上述資料在日本已經採取線上化，並一起整合成「Visit Japan Web」，請務必提前幾天到此網站申請帳號並登錄完成，過程中需上傳護照，及填寫一些旅程相關資料，加上還要等候審查，如果是到了日本下飛機才填寫會來不及喔！

※ 若未線上填寫 VJW，也仍然可以用以前的紙本單子流程（在機上跟空服員索取）。

 Visit Japan Web　　　　 **VJW 的常見問題說明**

出入境都儘早提前過安檢

不管從台灣出發、或從日本回台，建議都早點過安檢關卡，因為現在旅客爆增，機場人力不太足夠，安檢的關卡常大排長龍。如真的隊伍太長，而你已接近登機時間了，航班的空服員會在附近舉牌子（上面寫有班機號碼），只要舉手回應表明是該班機乘客，就可以帶你加速安檢通關。

※ 目前有些機場貴賓室、餐廳都是暫停營業狀態，過了安檢後的吃飯、休息選擇可能不太多。

自助結帳、自助點餐

為了減少直接接觸，許多餐廳新增了自助點餐與結帳系統，入座後可以自行操作座位上的平板電腦，或用個人手機直接掃店家提供的 QR code 點餐。一些商店、超市與便利商店也都增加了自助結帳機，通常搭載多國語言，可先在螢幕點選「中文」後自行刷條碼結帳。另外，即使是由店員負責結帳，許多店家也會在刷好商品條碼後，要求顧客自行將信用卡插入刷卡機結帳，或是將現金直接投入結帳機內。

在日本上網更方便的 e-SIM 卡

很多人到日本要手機上網，會另外買專用的 SIM 卡，但缺點是要拔卡換卡很麻煩。現在新手機都有支援數位虛擬的 e-SIM 卡，像遠傳、台哥大、KLook、KKday 等都有日本上網用的 e-SIM 卡方案，即買即用，只要在手機上做設定就好，可自行上網搜尋相關資訊。

※ 使用 e-SIM 卡時，請將手機國內號碼的漫遊功能關閉，以免誤用台灣號碼漫遊連網。

作者序

京都推薦玩法全提案！

京都，古時作為日本的首都，幸運地沒有受到戰火的摧毀，大多的建築都得以保留，形成了今日的一個世界文化遺產名錄下的古建築群，當然在京都內還有許多和這些建築一樣古老的東西，很值得去參觀一次。

這次我把這 10 年來遊歷京都的景點，都一一推薦給大家，這個古今共融的地方，除了歷史建築之外，還有不少很有時尚感的咖啡店，近年許多年輕一代，把京都古老的建築翻新，注入活力，改建成餐廳、咖啡店或者雜貨店。除了可以保留許多古老民宅町家，同時也帶來新氣象，對於很多外國人，可以看到歷史建築之餘，同時也能感受到日本現代的時尚氣息。

除了私房的景點之外，本書還設計了一些行程路線，你不必跟著走，挑一些喜歡的景點，再於景點附近隨意走走，是我超推薦的京都玩法。

沙米

京都超多行程說走就走！

京都，是一個繁華卻脫俗的城市，是一個令人一去再去的地方。

遊走過日本不少縣市，獨獨京都的恬靜之美、古都之美讓我一再回味，或許從小最先接觸的就是這個地方，也或許是喜歡當地那不被現代化取代的地貌風骨。比起浪漫的櫻花季節，遍山紅葉下的京都更為引人入勝，更感寂靜肅穆。

如果你還沒去過京都，仍未見識過這座古都的美，建議你以京都為目標，來一趟說走就走的旅行，拿著這本書作輔助，再用雙眼去看盡當地的純樸民風，感受滿街的古都氛圍，你絕對會跟我一樣，從此對它愛不釋手！

阿希

鳴謝：Kyoto Convention and Visitors Bureau 提供部份相片
Florence Wong、清水正泰先生協助拍攝

目　錄

目　錄

目　錄

本書所列旅遊相關資訊，以 2023 年 5 月為基準。資訊因時因地會調動，出發前請利用書中的網址再次確認。

CHAPTER 1

京都旅遊
一定要知道
KYOTO

JR 西日本路線圖

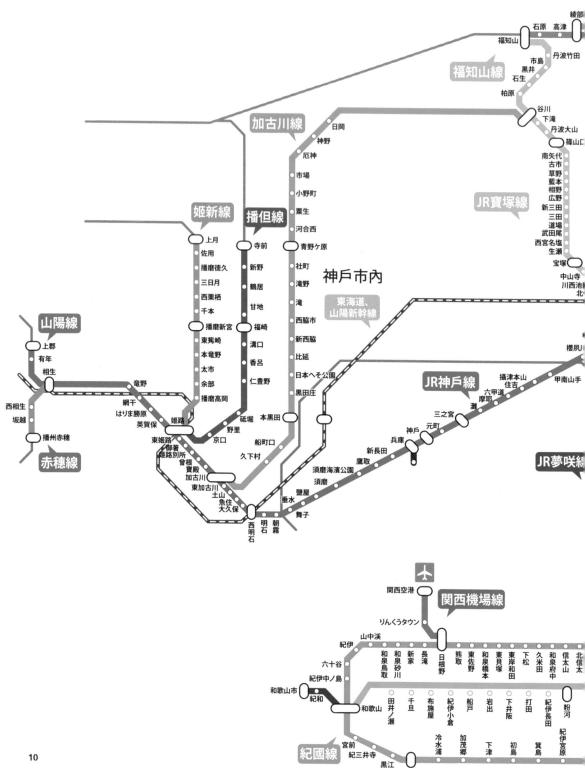

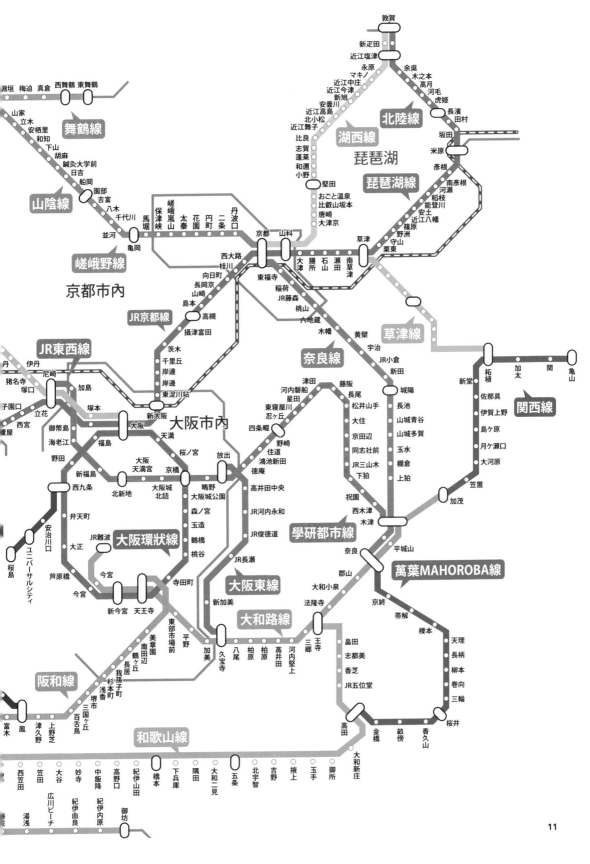

敦賀
新疋田
近江塩津
永原　　　　　余呉
マキノ　　　　木之本
近江中庄　　　高月
近江今津　　　河毛
新旭　　　　　虎姫
安曇川　　　　長濱
近江高島　　　田村
北小松
近江舞子　　　坂田
比良
志賀　　　　　米原
蓬莱
和邇　　　　　彦根
小野　　　　　南彦根
　　　　　　　河瀬
堅田　　　　　稲枝
おごと温泉　　能登川
比叡山坂本　　安土
唐崎　　　　　近江八幡
大津京　　　　篠原
　　　　　　　野洲
　　　　　　　守山
京都　山科　　栗東
　　　　　　　草津

北陸線
湖西線
琵琶湖
琵琶湖線

舞鶴線
西舞鶴　東舞鶴
綾部　梅迫　真倉

山家
立木
安栖里
和知
下山
胡麻
鍼灸大学前
日吉
船岡
園部
吉富
八木
千代川
馬堀
並河
亀岡

山陰線

嵯峨野線

京都市内

嵯峨嵐山　太秦　花園　二条　丹波口
保津峡　　　　　　円町

大津　膳所　石山　瀬田　南草津
西大路
桂川
向日町
長岡京
山崎
島本
高槻
摂津富田
茨木
千里丘
岸辺
東淀川站

JR京都線

東福寺
稲荷
JR藤森
桃山
六地蔵
木幡
黄檗　　宇治
　　　　JR小倉
　　　　新田
　　　　城陽

奈良線

草津線

新堂　柘植　加太　関　亀山
佐那具
伊賀上野
島ケ原
月ケ瀬口
大河原

関西線

JR東西線

丹　伊丹
猪名寺　尼崎
塚口
子口
立花
西宮
甲屋
加島
塚本
新大阪
大阪市内

大阪　天満　桜ノ宮　京橋
福島
新福島
西九条
北新地
大阪天満宮
大阪城北詰
弁天町　　　大阪城公園
大正　　　　森ノ宮
JR難波　　　玉造
今宮　　　　鶴橋
芦原橋　　　桃谷
今宮　　　　JR長瀬
新今宮　天王寺

御幣島
海老江
野田
放出
鴫野
高井田中央
JR河内永和
JR俊徳道

大阪環状線

大阪東線

大和路線

津田　藤阪
河内磐船　長尾
星田　松井山手
東寝屋川　大住
忍ケ丘　　京田辺
四条畷　　同志社前
野崎　　　JR三山木
住道　　　下狛
鴻池新田
徳庵　　　祝園
　　　　　西木津
　　　　　木津
　　　　　平城山
　　　　　奈良
　　　　　郡山
　　　　　大和小泉
　　　　　法隆寺
　　　　　王寺
　　　　　三郷
　　　　　河内堅上
　　　　　高井田
高井田　柏原　八尾
柏原　　久宝寺
加美

學研都市線

萬葉MAHOROBA線

長池
山城青谷
山城多賀
玉水
棚倉
加茂
笠置

新加美
平野
東部市場前
美章園　南田辺
鶴ケ丘
長居
我孫子町
杉本町
浅香
堺市
三国ケ丘
百舌鳥

阪和線

富木　鳳　上野芝　津久野

和歌山線

京終
帯解
櫟本
天理
長柄
柳本
巻向
三輪
桜井
金橋　畝傍　香久山
畠田
志都美
香芝
JR五位堂
高田
大和新庄
御所

ユニバーサルシティ
桜島

西笠田　笠田　大谷　妙寺　高野口　中飯降　紀伊山田　橋本　北宇智　吉野　掖上　玉手　御所
広川ビーチ　紀伊内原　紀伊由良　湯浅　紀伊田辺　五条　大和二見　隅田　下兵庫　御坊

11

京都地鐵路線圖

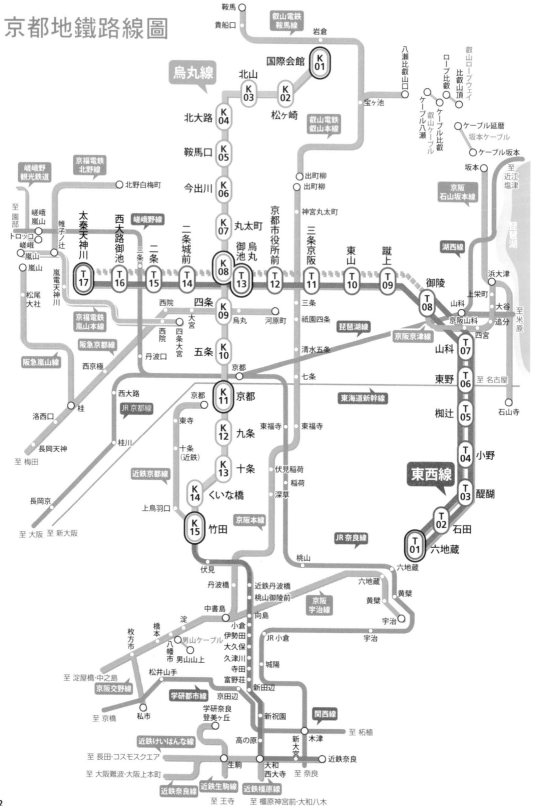

從關西空港進入京都的交通

特急 HARUKA

　　如果從關西空港直接去京都，第一個當然就是推薦 JR 的特急列車 HARUKA（はるか）。HARUKA 可從機場到京都、大阪、神戶、奈良等地區。搭乘 HARUKA 大約需要 1 小時 15 分鐘，雖然比搭普通火車的車資都要貴，但是可以免去轉車和搬行李的麻煩，同時也節省了一半的時間，是關西空港中最好前往京都的交通工具。

1 JR Ticket Office 就在關西空港的 2F，走到這裡就可以買到 HARUKA 的車票，還有各種 JR Pass 的票券 **2** JR 跟南海電鐵的入閘位置很接近，而 JR 的閘口是藍色的，不要走錯了！

買 ICOCA 卡 & 搭乘 HARUKA 優惠套票

　　現在只要買 ICOCA 卡，就可以優惠的價錢買 HARUKA，假如已經有一張 ICOCA 卡，只要出示此卡，同樣可以在關西機場的 JR Ticket Office 以優惠價格購買。

　　「ICOCA & HARUKA」是一張在關西可搭 JR、地鐵、私鐵、巴士等交通工具，可從關西空港至天王寺、新大阪、京都的優惠套票。來回票從啟用日算起，回程 14 天有效期。凡持有外國的護照，且符合「短期居留」資格的人皆可購買「ICOCA & HARUKA」套票。購票可在 JR 西日本的售票處購買。

註：假如你本身已有 ICOCA 卡，以後再次前往關西，只要出示 ICOCA 卡就可以用優惠價購買車票，毋須再購買 ICOCA，但如果用 suica 或者其他地區的 IC Card 則不可使用此優惠。

目的地	HARUKA 使用區間（從關西機場出發）	ICOCA & HARUKA（ICOCA 卡＋ HARUKA 折扣券）		HARUKA 折扣券（僅限於持有 ICOCA 卡）	
		單程	來回	單程	來回
大阪 梅田 難波	天王寺	3,200 日圓	4,400 日圓	1,200 日圓	2,400 日圓
	新大阪	3,600 日圓	5,200 日圓	1,600 日圓	3,200 日圓
京都 嵯峨嵐山	京都	3,800 日圓	5,600 日圓	1,800 日圓	3,600 日圓
神戶 舞子	新大阪	3,700 日圓	5,400 日圓	1,700 日圓	3,400 日圓
奈良	天王寺	3,600 日圓	5,200 日圓	1,600 日圓	3,200 日圓

JR 普通列車轉車

在關西機場，可以從 JR 的搭乘口進月台，然後選搭 JR 關西空港線（關空快速），車程約 2 小時，再轉乘 JR 京都線新快速列車進入京都，總車費為 1880 日圓。不過以現在提供給外國人優惠的 HARUKA 車票來看，搭 HARUKA 只要 1800 日圓，比較便宜，車程也更減少 30 分鐘。

其他私鐵轉車

關西機場還有南海電鐵可去大阪市區，前往京都未必合適。因為要搭南海電鐵去京都就必須要轉車，花的時間又多，再加上有可能會迷路，因此不建議搭乘。

利木津巴士

利木津巴士即是機場巴士，是連結關西機場與關西地區各主要車站及飯店的巴士，提供 23 條巴士路線，遠至四國地區。如果你的行李比較多，或者帶小朋友和老人家，同時飯店附近也有站點，搭乘利木津巴士會較為方便。

乘車處　第一航廈8號／第二航廈2號
目的地　京都八条口
車費　　成人2600日圓、兒童1300日圓
車程　　約1小時25分鐘

從大阪伊丹機場到京都

雖然大部份外國人都是從關西機場進出京都，但有時或許需要從日本別處先飛到大阪，這時國內航線是飛伊丹機場。在伊丹機場前往京都最直接又方便的方法，當然是機場巴士，車程約 55 分鐘。

乘車處　南面航廈15號／北面航廈3號
目的地　京都八条口
車費　　1340日圓、兒童670日圓
車程　　約55分鐘

京都交通工具全攻略

巴士

　　進入京都市內玩，最常坐的交通工具是巴士。基本上，在京都車站站前的公車站，前往各大主要旅遊景點的公車非常齊全，建議如果你是第一次去京都的話，最好就住宿在京都車站附近，這樣相對會方便許多。

查詢京都
巴士、鐵道

　　京都的巴士分為三種：京都市巴士（市バス）、京都巴士（京都バス）和京阪巴士（京阪バス）。

≫ 京都市巴士 市バス

　　市巴士在京都市中心內最常使用到，也是最常看到的，有多達 80 條路線，包括前往：金閣寺、銀閣寺、平安神宮、清水寺、四条河原町、出町柳等著名景點。

觀光常用巴士路線

　　市巴士是觀光客常用的交通工具，80 多條之中其實有幾條路線是觀光常用到的，而「市バス・京都バス一日乘車券カード」和「地下鉄・バス一日券」都可以免費搭乘。

最常使用到的 **4** 條市巴士路線：

100 號 京都站 → 三十三間堂 → 清水寺 → 祇園（八坂神社）→ 平安神宮 → 永觀堂 → 銀閣寺

101 號 京都站 → 二条城 → 北野天滿宮 → 金閣寺 → 大德寺

102 號 銀閣寺 → 京都御所 → 北野天滿宮 → 金閣寺 → 大德寺

206 號 京都站 → 三十三間堂 → 五条坂（清水寺）→ 祇園（八坂神社）

市巴士

巴士時刻表

≫ 京都巴士 京都バス

京都巴士和京都市巴士只是一字之差，不過相對於市巴士，京都巴士的路線集中在嵐山、太秦和出町柳一帶，特別是嵐山，有 7 條路線行走嵐山及周邊。

京都巴士

京阪巴士和京都巴士的車站站牌

觀光常用巴士路線

17 號   京都站 → 四条河原町 → 河原町三条 → 出町柳站 → 銀閣寺道

73／83 號   京都站 → 阪急嵐山 → 松尾大社 → 苔寺すず虫寺

≫ 京阪巴士 京阪バス

京阪巴士應該是最少使用到的巴士，因為巴士 1 日券都不適用。雖然如此，因為京阪巴士多是行走從京都市中心出發到近郊的路線，觀光客還是有機會搭乘得到。例如前往伊根町和天橋立等，而從機場到京都的機場巴士也是由京阪巴士營運。

京阪巴士

京阪巴士行走大原和八瀨的路線，是賞楓季節比較多遊客會使用到

Step1 尋找站牌

特別在河原町一帶，巴士站牌相當多，所以要留意一下巴士的方向是不是正確。可以利用 Google Map 把現在地和目的地輸入，地圖會顯示出交通方式，也會指示出相關巴士路線的位置。

1 京都站前的巴士總站站牌，這個站牌前不時會有懂英語的職員幫忙 **2** 一般最多人使用的路線都集中在 D2 的區域

Step2 抽整理券

現在京都市巴士都是均一區間，意思就是都統一了車費 230 日圓，因此如果乘坐的是京都市巴士，則不用再抽整理券。假如乘坐的是京都巴士或京阪巴士，則有可能要抽整理券。整理券上有一個號碼，那就是代表你上車的車站。

因為現在京都的巴士都可以用 IC Card 繳付車資，如果你有 IC Card 的話，建議用卡比現金方便。上車時，如果你用現金就要抽整理券，如果用 IC Card 上車時就要先刷卡，以紀錄你的上車地點。

Step3 留意前方的顯示螢幕

所有京都的巴士前方都有顯示螢幕，上面會顯示出下一個車站的站名，上車後就要多加留意這個位置，這樣就不會錯過要下車的車站了。

Step4 留意車資

如果你不是坐均一區間的巴士，除上車時要抽整理券之外，還要留意前方顯示螢幕顯示出的車資。假如你知道下一站是下車車站，就要對一下顯示螢幕和整理券的號碼，例如京都站上車是 1 號的話，再看看 1 號下面的車資，下車時付該車資就可以了。

圖中的顯示螢幕是屬於京都巴士，由於這裡有部份區間車站不可以使用巴士 1 日券而免費乘坐，因此必須補回差價，下方車資就是要補回的費用。

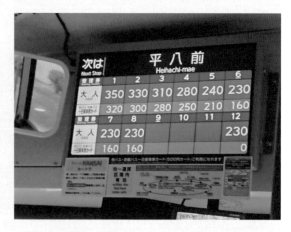

Step5

到站要按鈴

和很多地方搭巴士的方法一樣，到站前記得要按鈴。

Step6 下車前要付車資

如果你使用的是巴士 1 日券就很簡單，把 1 日券放到上方綠色的「カード入口」。假如你使用的是 IC Card，就在最上方的部份刷卡。如果你用現金的話，最好先準備好足夠的零錢，不然也可以用 1000 日圓紙幣先兌換零錢，再把整理券（如有）連同硬幣投入上方的投幣處。

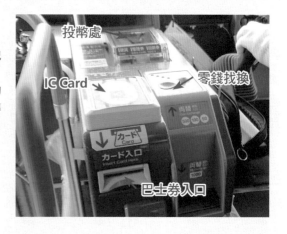

各種鐵路介紹

≫ 地下鐵

　　除了巴士之外，在京都市內旅遊，也會有機會使用到地下鐵。在京都坐地下鐵十分簡單，因為只有兩條路線：東西線和烏丸線。有些景點利用地下鐵去玩會較為方便：例如醍醐寺、二条城、北山、蹴上傾斜鐵道等。

京都地下鐵

≫ 阪急電鐵

　　阪急電鐵是關西地區其中一條重要鐵道，它涵蓋了大阪、京都和神戶，全長 143.6 公里。阪急以大阪梅田為中心，從梅田作起點到達京都和神戶，而路線分別有：京都線、神戶線、大阪線和寶塚線。在京都如果來往嵐山的話，就會使用阪急電鐵，而阪急嵐山站比較近渡月橋一帶，可以利用 JR 和阪急電鐵玩嵐山，節省一些步行的時間。

阪急電鐵

≫ 京福電鐵

　　京福電鐵一般都稱為「嵐電」，主要行走嵐山到京都市中心的路線，也是京都唯一的路面電車。路線主要分成兩條：嵐山本線及北野線。嵐山本線由嵐山站到京都市中心的四条大宮站；而北野線主要通往北野天滿宮和妙心寺一帶。

京福電鐵

≫ 近畿日本鐵道

從前日本關西一帶都叫做近畿，包括了三重、奈良、京都、大阪和名古屋。對於要前往奈良的朋友，近鐵奈良站比 JR 奈良站離觀光景點比較近，一般都建議選搭近鐵前往奈良。不過，近鐵京都線對於一般旅客而言比較少使用到，大多數都是前往近鐵奈良站和三重縣。

近畿鐵道

≫ 京阪電車

京阪電車涵蓋了大阪和京都兩地，在三条站就可以連接地下鐵東西線的三条站，如果不是住在京都車站附近，或者可以利用京阪電車從大阪進入京都，再轉地下鐵或者巴士去目的地。此外，也可以坐到出町柳站，再轉乘叡山電鐵到貴船、鞍馬及延曆寺一帶。

常用車站

三条、出町柳、中書島、清水五条、伏見稻荷

京阪電車

≫ JR 西日本

JR 是日本主要的鐵路公司，JR 西日本主要營運關西一帶的 JR 路線。從大阪去京都，一般最常用就是 JR 了，從 JR 大阪站出發，搭新快速列車，35 分鐘就可以到京都。至於在京都內，也是經常使用 JR，例如 JR 奈良線、JR 山陰本線（嵯峨野線）、湖西線、福知山線。

常用車站

宇治、稻荷、東福寺、比叡山坂本站（延曆寺）、嵯峨嵐山、園部（美山野）、大阪、新大阪。

JR西日本

≫ 叡山電鐵

叡山電鐵屬於京阪電車旗下，所以京阪電車可以直接坐到出町柳，而出町柳同時也是叡山電鐵的起始站。叡山電鐵屬於地方鐵路，路線只有兩條，分別是叡山本線及鞍馬線，賞楓季節時這兩條路線甚為熱鬧。

重要車站

出町柳、八瀨比叡山、一乘寺、貴船口、鞍馬。

叡山電鐵

京都交通票券全攻略

　　關西地區私鐵路線特別多，單是京都府內就有好幾家不同的私鐵公司，而各家公司都有推出優惠票券，再加上京都巴士，新手朋友可能會覺得有點頭痛。以下介紹各種常用的交通票券，大家可以更清楚知道哪一張票券適合你的行程。

ICOCA

　　由 JR 西日本推出的 ICOCA 卡屬於 IC Card 的一種，在日本全國通用，只要交通上或者商店接受 IC Card 付款，就可以使用 ICOCA，和台北的悠遊卡及香港的八達通卡都很類似。

　　首次購買 ICOCA 需要繳付 2000 日圓，當中有 500 日圓是押金，1500 日圓是可使用的金額。一般在 JR 車站的自助售票機都能買到，也可以在寫有「チャジ」的自助售票機上進行加值，或者拿到便利商店加值。在京都市內除了地鐵、JR 和各私鐵可以使用外，現在於京都巴士上都可以使用 ICOCA。

售票處　JR車站內的自助售票機

價格　　首先要付2000日圓，包括500日圓押金和1500日圓使用金額

加值　　每一次可加值1000、2000、3000、5000及10000日圓，但部份售票機未必可以接受10000日圓面額紙幣

IC Card餘額不足

如果入閘時發現IC Card餘額不夠繳付該程車資，到站時是無法出閘的，這時可以在閘口旁的「精算機」，把IC Card放進機內或感應處，再加值金額就可以了。

ICOCA & HARUKA

mobile ICOCA

最近 ICOCA 推出了手機版 App，可以直接替代實體卡，進出站只要刷手機即可，也能用手機刷卡加值。目前僅支援 Android 系統裝置，不過 IOS 系統的使用者也別灰心，2023 年內 ICOCA 也將可以對應 Apple Pay，到時就能直接在「錢包」內加入 ICOCA 交通卡了！

官網

適用手機型號

最划算的 JR 機場火車優惠套票：ICOCA & HARUKA

　　JR 西日本推出了優惠外國人的「ICOCA & HARUKA」，是一張 ICOCA 卡加來回／單程 HARUKA 機場火車套票。這優惠套票附上的 ICOCA 卡是特別版，分別有 Hello Kitty 和風神雷神兩個版本。最重要的是可以用優惠價購買到 HARUKA 車票，比原價購買有更多折扣（可參考 P13「從關西空港進入京都的交通」）。

ICOCA &
HARUKA

這是遊客版 ICOCA。照片來源：JR 西日本官網

推薦實用交通一日券

≫ 地下鐵．巴士一日券

　　地下鐵．巴士一日券比較新，是一張地下鐵和巴士共用的票券，很適合 1 ～ 2 天去多個地方又需要同時使用地下鐵和巴士的人，這樣就不用分開買兩種票券。此外，進入部份寺廟神社、觀光設施、餐廳等都可獲得優惠。

售票處	市巴士、地下鐵案內所、京都車站前巴士總站和搭乘巴士下車時向司機購買
價格	一日券成人1100日圓、兒童450日圓
效期	使用日起一日
範圍	市巴士、京都巴士和京阪巴士部份均一區間（非均一區間只須補繳車費差額）、京都地下鐵全線
優惠設施	二条城、長樂館、太秦映畫村、永觀堂、北野天滿宮、高台寺、平安神宮等

地下鐵．巴士
一日券

照片來源：京都市交通局官網

≫ 京都市營巴士·京都巴士一日遊通票

　京都市營巴士·京都巴士一日遊通票基本上是最划算的一張票，因為可以在一天內任意搭乘市巴士及部份京都巴士均一區間的路線，而不用再額外繳付車資，因為已覆蓋大部份的觀光景點，是最多遊客購買的一張票券。

售票處	市巴士、地下鐵案內所、京都車站前巴士總站和搭乘巴士下車時向司機購買
價格	大人700日圓、小孩350日圓
效期	使用日起一天內有效
範圍	市巴士、京都巴士部份均一區間（非均一區間只須補繳車費差額）
備註	在均一區間內的單程車費是230日圓，如果一天坐3次或以上就值回票價 （巴士一日券，2023年9月停售，2024年3月停用。）

照片來源：京都市交通局官網

京都巴士
一日券

在京都站外巴士總站，就有多部售票機可以買到這張一日券

≫ 地下鐵一日券

　地下鐵一日券專門為一整天都搭乘地鐵的朋友使用，買了這張一日券，可以在一天內任搭京都地下鐵的東西線和烏丸線。

照片來源：京都市交通局官網

售票處	市巴士、地下鐵案內所、地下鐵的自動售票機
價格	成人800日圓、兒童400日圓
效期	使用日起一天內有效
範圍	京都地下鐵全線
優惠設施	二条城、京都文化博物館、東映太秦映畫村、京都國際漫畫博物館、北京都鐵道博物館、京都水族館等

地下鐵
一日券

≫ 鞍馬‧貴船一日券

　　如果計畫去鞍馬寺和貴船一帶玩一天，這張一日券就最合適了，不止可以在一天內任意搭乘叡山電鐵，同時也能乘坐京阪電車。

售票處　京阪電車各站（京津線、石山坂本線各站、嵐山纜車除外）

價格　　成人2000日圓

效期　　發售當日起一天內有效

範圍　　京阪電車全線（京津線、石山坂本線各站、嵐山纜車除外）、叡山電車全線和部份京都巴士

備註　　不時會推出「大原區域擴大版」，如果計畫去大原三千院，這張擴大版同時包括部份前往大原的路線，最適合賞楓季節使用

 鞍馬‧貴船一日券

≫ 叡電一日乘車券

　　要搭乘叡山電鐵在沿線玩兩個車站以上，買叡電一日乘車券就最划算。如由出町柳前往鞍馬寺是420日圓，來回已經要840日圓，當中如果還會前往貴船或者一乘寺，這樣就已經超過1200日圓了，相當划算。

售票處　叡山電鐵出町柳站、修學院站、鞍馬站

價格　　成人1200日圓、兒童600日圓

效期　　發售當日起一天內有效

範圍　　叡山電鐵全線

優惠設施　鞍馬寺、貴船神社、曼殊院、貴船俱樂部、八瀨平八茶屋等

 叡電一日乘車券

≫ 嵐電一日券

嵐電一日券可以在限定區間內無限搭乘京都巴士。

售票處	嵐電四条大宮、帷子ノ辻、嵐山、北野白梅町
價格	成人700日圓、兒童350日圓
效期	發售當日起一天內有效
範圍	嵐山電鐵全線及部份區間的京都巴士（限嵐山方面路線）
優惠設施	大覺寺、天龍寺、野宮神社、北野天滿宮、龍安寺、妙心寺、鹿王院、松尾大社、鈴虫寺等

嵐電一日券

自助售票機購票 Step by Step

現在許多大城市的地鐵、JR和私鐵的自助售票機都有中英文介面，相當方便，萬一遇上只有日語介面的售票機也不用擔心，因為購買方法都是大同小異。

Step1

一般在售票機上方都有一個鐵路路線圖，上面會有從現在地車站到各個不同車站的車費。當然，也可以在出發前於手機 APP 或網路上先查好車費。

Step2

找到票價之後，就可以投入金額，一般硬幣最小面額只接受 10 日圓，而紙幣則依不同售票機而定，最好先準備好 1000 日圓，部份大車站會提供大面額 10000 日圓的售票機，一般售票機上都會有說明。

Step3

然後再按下「きっぷ購入」，投入顯示螢幕上目的地的車資即可。

Step4

最後就是取車票和找零錢。

京都實用旅遊資訊

時差

比台灣快 1 小時。

氣候

春天（3 ～ 5 月）

氣溫開始回暖，3 月時早上及晚間會較清涼，而中午時會較暖和，出門前記得多帶一件薄外套。3 ～ 4 月也是賞櫻季節，遊客特別多，所以最好提早預訂飯店。

秋天（9 ～ 11 月）

秋天天氣比較涼快，氣候相當怡人，加上 11 月開始賞楓，是最好的遊覽季節。這時候跟春天一樣，日夜溫差都會較大，針織長衣或者厚外套都是必備的。

夏天（6 ～ 8 月）

京都的夏季相當悶熱，因為是盆地濕度又高，在 7 月中至 8 月底都有可能超過 30 度。不過夏天有許多慶典舉行，戶外活動時記得塗防曬和多帶開水在身邊。

冬天（12 ～ 2 月）

冬天會顯著的嚴寒，由於濕度比日本其他地方高，所以體感溫度也較低，因此保暖防風的衣服不可少。市區較少下雪，但郊外下雪的機會高，遇上寒流市區都會有飄雪，1 月份下雪的機會也較多。

貨幣

日本通用貨幣稱為「円」，貨幣符號是「¥」，英文讀作「yen」。紙鈔有 10000 円、5000 円、2000 円及 1000 円。2000 円較為罕見，在大城市內甚少出現。至於硬幣，分別有 500 円、100 円、50 円、10 円和 5 円。

消費稅

　　日本從 2019 年 10 月開始的消費稅是 10%，但在商品價格的顯示上，不一定計算了消費稅在內。如果在價錢上寫上「稅込」，即是代表價目已包含消費稅；假如在價錢上寫上「稅別」，即是代表價目不包含消費稅，購物時就要留意了。

　　在提供免稅或退稅服務的店家、大型電器店和百貨公司等購物，只要在同一天消費滿 5000 日圓（未稅，稅後是 5500 日圓），就可以退稅或免稅，然後出示護照給職員辦理手續即可。

　　現時，日本把退稅品分為兩類：1. 消耗品：例如食物、化妝品、藥物等，可以在日本境內用完，因此這類退稅品一定要密封，直至離開日本國境後才可以使用；2. 非消耗品：例如電器、衣服、玩具等，可以在日本境內使用，不用密封。現在有兩種最新的退稅方法：1. 可以把消耗品和非消耗品一起加起來退稅，但所有物品均必須一起放在密封袋內，直至離境前都不可打開。 2. 如果想馬上使用非消耗品，就不可和消耗品加起來一起退稅。

電源

　　日本的電壓是 100 伏特，插頭是雙平腳插座，如有需要記得要帶旅行轉換插頭。此外，在日本購買電器時要留意，部份電器只支援 100 伏特的電壓，如果買回去使用電壓為其他伏特的地方，則需要變壓器。一般電器產品上都有標示出使用的最大電壓是多少，如果是「100 ～ 240 伏特」，大部份的地方都不需要變壓器皆可使用。

電話

日本的電話號碼由三個部分組成。
例如：03（區號） 1234（局號） 5678（受話人號碼）

主要城市的電話區號					
札幌	011	東京	03	神戶	078
仙台	022	橫濱	045	廣島	082
新潟	025	名古屋	052	福岡	092
琦玉	048	奈良	0742	大分	0975
千葉	043	京都	075	那霸	098
成田	0476	大阪	06		

台北駐大阪經濟文化辦事處

如果台灣人在關西地區遇到任何的問題及麻煩，如遺失護照、人身安全等，都可以與台北駐大阪經濟文化辦事處求助。

地址	大阪市北區中之島2丁目3番18號17樓及19樓
交通	大阪地下鐵四つ橋線「肥後橋」下車，3號出口步行約5分鐘
辦公時間	9:00～12:00、13:00～18:00
急難救助專線	090-8794-4568

簽證

台灣：現在持有台灣護照者，都可以獲得 90 日觀光免簽，不用特別辦理簽證手續，如果是商務或者探親的短期赴日都適用，但去工作則要辦理工作簽證。

香港：現在持有香港特區護照或英國國民海外護照（BNO），都可以獲得 90 日觀光免簽，跟台灣的作法差不多。

入境

任何國家的人前往日本，均須填寫入境卡及海關申報表。現時兩款表格均有中英文版本，所以填寫相當簡單。此外，海關申報表可以家庭為單位填寫，假如一個家庭有 3 人，則只須填寫一份申報表，但幾位朋友到日本玩的話，則需要一人一份。

現在飛機航班上仍然會發入境表格和海關申報表，雖然填寫 Visit Japan Web 已可代替紙本表格，但不嫌麻煩的話可多寫一份紙本，下飛機看哪邊人少再決定用紙本還是 Visit Japan Web 出關。

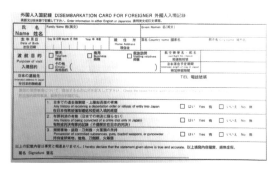

日本好用的旅遊 APP

GOOGLE MAP

　Google 地圖有幾個功能，讓你在日本遊玩變得相當方便！

· 可以離線看地圖，在能上網的情況下，先下載離線地圖，這樣就算在街上不能上網，也能利用 GPS 功能定位。

· 儲存想去的地方，只要登入 Google 帳戶，利用電腦或者 App 版的地圖，儲存好想去的地方，再下載離線地圖，一樣可以不用上網都能使用地圖前往目的地。

· 交通建議：Google 地圖可以幫你規劃出路線，無論是步行、開車或者大眾交通工具，也一樣能做到。不過，如果你是希望它建議巴士的路線，時間和班次或許會有偏差，因此最好再用 Navitime 班次查詢 App（詳見 P30）來查一次。

· 評論功能：Goole 地圖有提供評論的功能，可以建議你附近的餐廳，也能指定某個範圍內，同時可看到真實的評論，有助選擇！

Google 翻譯

　雖然日語裡有漢字，有時我們猜一下都可能知道是什麼意思，但許多時候還是會有看不懂或者難以跟日本人溝通。Google 翻譯是一個不錯又免費的 App，除了可以輸入字詞翻譯外，也能輸入句子，或者可利用相機作即時的日英翻譯，但如果要使用相機把眼前的字詞翻譯成中文，則要先拍下照片才可在 App 內翻譯。

　此外，這個 App 也可以利用語音作即時翻譯，因此能和日本人作簡單的溝通。

Yahoo！防災速報

這個 APP 是用來提醒大家在日本國內的災難情報，如地震、豪雨、火山爆發和一些突發的自然災害。建議可以開啟地震通知，當地震發生前 3～5 秒左右，程式會根據你所在的位置，發出提示聲音，能作出準備。一般來說震度 3 以上，就會有震感，如果你所在位置達震度 3 以上，程式就會發出聲響來提示。

除了地震，大雨和火山爆發都會有提示，記得要把手機的通知開啟

App 可以搜尋出最接近的 5 個交通方法

結果中會顯示出車資及行車時間

NAVITIME

NAVITIME 是一個非常好用的交通 App，主要用來查詢火車班次及車資，同時也可以查閱巴士和內陸飛機的班次資料。在京都市內，因為常用到巴士，所以這個 App 非常好用！

日本天氣 tenki.JP

天氣是大家常問的問題，但應該沒有人可以給出 100% 的回答，求助日本氣象局的天氣預測，才是最好的選擇！他們在櫻花或紅葉季節都有推出特集，用網上版就可以看到櫻花和紅葉預測了。

Tabelog「食べログ」

Tabelog 是日本非常流行的餐廳搜尋 App，可以地區和食物種類來搜尋，不過缺點就只有日語，如果需要輸入餐廳名字搜尋，就需會一點日語了。此外，這個程式的 IOS 版只可以用日本帳戶下載，有可能需要開一個新的 Apple ID，而地區要設定在日本。

網頁版會有中文，手機版只有日文，但可以利用程式簡單搜尋附近有什麼好吃

京都乘換指南

在京都最常用的交通工具就是巴士，這個 APP 可以查詢巴士及鐵道資料，特別是巴士資料，能馬上看到由目前所在地前往目的地的巴士號碼和站點位置。對於喜歡即時變換行程的朋友，這個 APP 是相當的有用。

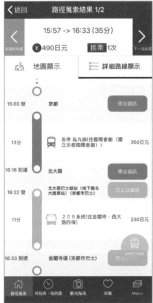

京都旅遊注意事項

　　京都在公元 794 年起就獲定為「日本的首都」，那時稱為「平安京」或者「平安城」，當時的桓武天皇為了擺脫奈良佛教寺院的勢力，所以決定遷都，最初選址在長岡京（今長岡京市），後來聽了和氣清麻呂的建議，再遷到平安京。京都扮演著重要的角色，是日本政治及文化的中心，直到 1869 年日本遷都東京，這段時間京都作為日本首都的歷史長達一千年以上，因此這裡的歷史氣氛相當濃郁。

　　現在京都的人口多達 142 萬人，是日本人口第八多的都市，市區人口密集，市內大多以巴士（公車）作為主要的交通工具，除了巴士還有地鐵及市電，同時也有其他地方鐵路。古時桓武天王遷都京都時，把中國隋唐時代的城市規劃作為參考，街道的設計模仿長安設計成長方形，同時也被山所包圍，東臨鴨川，西有桂川一直向南流過。

　　京都作為一個古都，日本許多文化自然由這裡而來，時至今日京都人對於自己的文化都依然非常執著，因此我們去到京都必須入境隨俗。以下是京都的文化禮儀，出發前記得要做足準備！

預訂餐廳、住宿或服務後，如未能前往，記得盡早聯絡店家

　　近年許多旅館和餐廳，都有埋怨外國人未能前往，也不會提早取消，這樣令他們很困擾，甚至有些店家不再招呼外國人，或者要透過飯店或酒店網站預約，也可能會先收取訂金。

關於寺廟／神社的禮儀

- 寫有「攝影禁止」的地方，一定不可以攝影。
- 進入神社或廟內，必須脫去帽子和太陽眼鏡。
- 在神社或寺廟內不能大聲說話。

不可在路上抽煙

　　在日本，邊走邊抽煙是違法的，違法者可罰款 1000 日圓。其實在便利店門口大多都設有吸煙區域，商場和車站都有，所以大家一定要遵守法例。

酒後不可騎單車

　　單車也屬於交通工具，因此必須遵守交通規則，所以如果要騎單車就不要喝酒。酒後駕駛可被罰款 10 萬日圓或 5 年有期徒刑。

不可自攜飲品和食物進入餐廳

不要在街上幾個人並排走路

未經藝伎同意不得拍照

除了藝伎之外，京都許多店家都不可拍照，特別在門口留意一下有沒有「不准拍照」的告示，就算沒有也請向店員查詢。拍照時請不要拍到客人的面容。

詢問「可以拍照嗎？」日語：すいません、しゃしんをとってもよろしいですか（Su Mi Ma Sen, Sha Shin Wo To Te Mo Yo Ro Shii De Su Ka）。

日本沒有小費文化

日本並沒有付小費的文化，帳單上是多少錢就付多少錢。

可以坐在「優先席」上，遇到有需要的人要馬上讓座

日本很早的時候已在公共交通工具設有「優先席」，不過日本人會坐在優先席上，但當有需要的人上車，他們一定會馬上讓坐。因此，優先席是可以坐的，但要留意身邊是否有需要的人！

計程車門會自動開關

在日本坐計程車，後座的車門會自動開關，大家千萬不要自己開關車門，司機會怕客人弄壞車門的。

不可亂丟垃圾

日本的街道上甚少垃圾桶，但都一樣乾淨，因為日本人自小養成不製造垃圾，及把垃圾自行處理的習慣。違規丟垃圾會被罰款 3 萬日圓，大家出門前可以帶些塑膠袋放在身上裝垃圾。

不要隨便觸碰民居的私人物品

民居或民房不可隨便拍攝，如真的希望拍攝請先詢問屋主，也不要亂碰人家的東西。

不可以穿鞋踩榻榻米

去到傳統的日式房屋，包括溫泉旅館，大部分都會用榻榻米。由於榻榻米的打理相當複雜及昂貴，所以進入和室時記得必須要把鞋子脫掉。

不可隨處停放單車

單車是需要停在指定的位置，在街上胡亂停單車可被罰 2300 日圓的拖車費。

請勿插隊

上下交通工具務必排隊，有些熱門餐廳會在門口設置抽號碼牌的機器或手寫登記板，排隊前記得先注意一下。

請保持洗手間清潔

如果沒有特別說明，用過衛生紙請直接丟馬桶沖走，生理用品才放垃圾桶。

為了安全，請不要在鐵道旁或路上拍攝

自備購物袋

日本最近也因為環保關係，商家不再主動提供免費塑膠袋，如有需要必須付費購買或自備購物袋。

CHAPTER 2
京都最精選
KYOTO

京都人氣甜點店

好多女生喜歡去京都，其中一個原因應該就是京都真的有太多甜點店了。京都有很多的老店，也有不少隱藏在巷弄中的小店，各有特色。如果你還是眼花撩亂分不清楚，以下介紹幾家不錯的京都人氣甜點店，去京都時就不用再傷腦筋了！

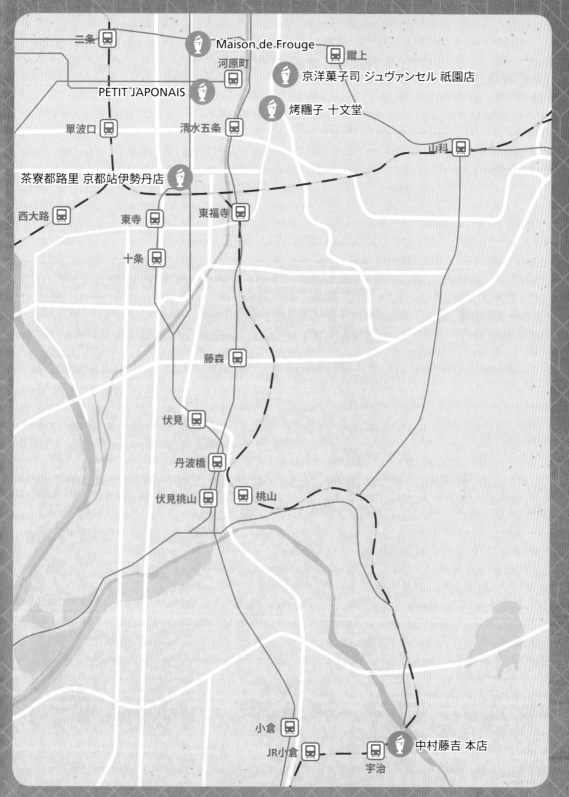

三条 🚉

Maison de Frouge

河原町 🚉

蹴上 🚉

京洋菓子司 ジュヴァンセル 祇園店

PETIT JAPONAIS

烤糰子 十文堂

單波口 🚉

清水五条 🚉

山科 🚉

茶寮都路里 京都站伊勢丹店

西大路 🚉

東寺 🚉

東福寺 🚉

十条 🚉

藤森 🚉

伏見 🚉

丹波橋 🚉

伏見桃山 🚉

桃山 🚉

小倉 🚉

JR小倉 🚉

宇治 🚉

中村藤吉 本店

老町家裡的法式甜點

PETIT JAPONAIS

官網

地圖

♀ 河原町

在四条附近的一條小巷弄中，一幢老町家裡竟然是經營著法式甜點。這家店毫不起眼，基本上走過去也不會發覺，一定要打開地圖好好的跟著走才行。1 樓是外帶的櫃檯，如果在店內享用，可先在一樓選好想要的甜點，再到 2 樓點飲料。飲料也是每人一杯，店員會推薦哪一種茶會比較適合你選的甜點，果然，一口甜點再一口茶，感覺真的很不一樣！

這裡的甜點師傅曾經在法國知名的糕點舖 Le Notre 研習過，他每天都會選用日本新鮮出產的食材，再加上很有法國風的可愛外型，這種造型甜點應該是每位女生都難以抗拒的！這裡最推薦的是檸檬塔，使用日本最道地的檸檬來製作卡士達醬，把酸甜度調配得相當平衡，再配上一口茶，非常有幸福感！

🏠 京都市下京區高橋町605-2

⏱ 12:30～18:00（1F外帶）、
　12:30～17:00（2F Café）

🏠 不定休，請留意網站公佈

🌐 petitjaponais.com/

🚇 地下鐵「四条」站5號出口步行
　約3分鐘／阪急烏丸線19號出
　口步行約5分鐘

1 這裡的招牌檸檬塔，上面的卡士達醬感覺好甜，但甜點師傅已把酸甜度配好了，吃起來一點也不甜。售價 500 日圓 **2** 造型水果甜點，非常好吃 **3** 小小的店內只可以坐大概 8 ～ 10 人

和洋合一的甜品 Café

京洋菓子司 ジュヴァンセル
祇園店

官網　　地圖

📍 清水寺、祇園周邊

　　ジュヴァンセル的英文可寫作「jouvencelle」，原來在法文裡是代表「年輕女性」的意思，因此他們的甜點也是以年輕女性為對象。京洋菓子司在 1988 年已在京都開店，說是老店又稱不上，但人氣不比百年老店遜色。「菓子司」是對於製作和菓子的職人的一種尊稱，他們以季節食材製作每一道甜點，因此在每一個季節來，都會有不同的驚喜。

　　京洋菓子司在京都已有 4 間分店，祇園店是 Café，就在八坂神社的正門附近（八坂神社的正門其實是在南樓門那邊，那裡有個石鳥居，鳥居表示神和人的結界）。這裡提供了一份非常精緻的甜點：「祇園フォンデュ」，讓很多女生都慕名而來，使用精緻的兩層瓷器器皿，分別放上了時令水果和美味的菓子，然後吃的時候再沾上店家特殊的抹茶巧克力醬，味道馬上變得很不一樣！吃完了，可以示意店員加點熱牛奶在抹茶巧克力醬中，這樣就變成了一杯美味的抹茶牛奶了。

1 祇園フォンデュ，是祇園店限定，每份 1512 日圓 2 抹茶巧克力醬加了牛奶，就是一杯美味的飲料

🏠 京都市東山區八坂鳥居前南入清井町482 京ばんビル2F

🕙 10:00～18:00

🏠 不定休

🌐 jouvencelle.jp/

🚌 搭巴士於「八坂神社」站或「祇園」站下車，從八坂神社南樓門鳥居步行約3分鐘／京阪本線「祇園四条」站步行約10分鐘

可愛迷你烤糰子
十文堂

官網

地圖

 清水寺、祇園周邊

　　十文堂本來是賣「鈴最中」而為人所熟悉，「鈴最中」就是在響鈴形狀的脆餅內加入紅豆蓉的日式和菓子。「十文」的意思是「十文錢」，原來在 1708 年十文錢可以買到一盤烤糰子，因此而得名。近年十文堂門外經常大排長龍，原來大家是為了那一盤五種口味的迷你烤糰子而來。

　　這裡的烤糰子十分特別，會使用一枝「Y」型竹籤，然後每邊串上 3 粒小糰子，其實這個概念來自於神社巫女手上的「神樂鈴」，有此一說可以帶來幸福。

　　據說他們的招牌甜點是「団楽 SET」，是 5 款口味的迷你烤糰子，包括了白味噌口味、黑芝麻醬油味、紅豆泥味、海苔磯燒味和黃豆粉味，價錢很大眾化，只要 750 日圓。

1 這裡的抹茶飲品相當受歡迎 2 店家把糯米糰子變成可愛的樣貌 3 団楽 SET650 日圓

京都市東山區玉水町76

11:00～18:00

星期三和四

jumondo.jp//

搭巴士於「清水道」站下車，步行約3分鐘

草莓控天堂
Maison de Frouge

官網　　　　地圖

📍 河原町

Maison de Frouge 是近年一間非常具人氣的甜點店,因為他們主打草莓。在店內,幾乎百分之九十的甜點都是以草莓做主角。店名中的「Frouge」其實是「Fruit」和「Rouge」的合體,意思就是「紅色的水果」。Maison de Frouge 開店前,門外就已經有不少女士在排隊,為的就是這裡的招牌「草莓千層酥」,一天只會提供限定數量,很多在開店 1 小時內就賣光光。聽說這甜點經由日本許多媒體大肆報導後,成為了這裡的人氣第一,吃的時候還會提供一把華麗的剪刀,好像拆禮物一樣的把絲帶剪開,很多女性都慕名而來!

Maison de Frouge 用的草莓全都是從日本國內進貨,因此在店內就算是同一款甜點在不同的時間,也可能會使用不同地方的草莓。此外,這裡是採取先購買蛋糕後入座的方式,先在蛋糕櫃點蛋糕,如遇上滿座,則需在等候室等位,待入座後店員就會把你先前點的甜點拿到你的位置上,有時人多可能要等 30 分鐘至 1 小時。

🏠 京都市中京區東洞院通三条下ル三文字町201 1F

🕐 11:00～17:00

🏠 星期一

🌐 ichigonoomise.com/

🚃 地鐵「烏丸御池」站5號出口步行約3分鐘

1 每一口都充滿草莓的蛋糕,1320 日圓 **2** 草莓和蜜桃的 Milk Shake **3** 店內也有一些不是草莓製造的甜點,但款式不算多

皇室貢品
中村藤吉本店

官網

地圖

📍 宇治

中村藤吉這個名字，相信對很多喜歡去日本的朋友都不會陌生，現在他們也有開海外分店，因此來到京都，許多人都會來本店朝聖。這裡提供的甜點當然和海外店有點不一樣，不過大家都在關注他們的甜點，其實中村藤吉是賣茶葉起家的（詳見 P257）。

在安政元年（1854 年）正月吉日，由中村藤吉先生於現在總店創立茶室「中村藤吉」。直到昭和三年（1928 年），昭和天皇即位，他們以濃茶「千代昔」作為貢品，後來被皇室訂購，也令更多人認識到中村藤吉。直到 1998 年，他們嘗試把抹茶加入冰淇淋中，再配上紅豆和白玉湯圓而大受歡迎。2001 年，中村藤吉把製茶工場改建成喫茶室，也是今天大家知道的這家。

這裡每天都有好多人光顧，如果不想花太多時間等候，他們 10 點開門時就要來了（最好再提早 15 分鐘），這樣可以把等候時間縮短許多。現在職員都會在門外掛上等候時間的通知，碰上假期的下午時光，可能要等 1 小時以上呢！

🏠 宇治市宇治壱番10

🕐 10:00～17:30（最後點餐時間 16:30）

🏠 星期日

🌐 www.tokichi.jp/

🚃 JR奈良線「宇治」站步行約6分鐘／京阪線「宇治」站步行約10分鐘

1 環境優雅的喫茶室 **2** 他們招牌起家的甜點，在竹筒裡放了抹茶冰淇淋、紅豆、白玉丸子和抹茶果凍 **3** 還有加了水果的口味

說起抹茶甜點的人氣之最，非茶寮都路里莫屬了，它是祇園辻利的甜點店。無論是哪一家分店，門外總是有一條人龍，為的是吃一杯抹茶聖代。京都站伊勢丹店比較方便，排隊都在室外，而祇園店排隊就要在街上排了。這裡賣的聖代不便宜，一杯至少上千日圓。他們的冰淇淋做得相當滑嫩，而且奶味和抹茶味道一樣的濃郁，吃下去有多重口感，難怪女士會這樣的喜愛！

辻利日文唸 TSUJIRI，也是日本江幕末的茶室（1869 年），由辻利右衛門創立。辻利右衛門影響日本的茶文化發展非常深遠，因為研發出日本最高等的綠茶「玉露」，也發明了可以把茶葉保存更久的茶櫃，因此讓更多人認識辻利。後來，辻利右衛門被三好家收養的弟弟三好德三郎，遠赴台灣開店，而把日本茶帶到台灣。

官網　地圖

📍 京都車站

1 京都車站伊勢丹樓上的茶寮都路里，每天都有人龍在等位 **2** 招牌特選都路里聖代，1383 日圓

🏠 京都市下京區東塩小路町烏丸通りジェイアール京都伊勢丹6F

🕙 10:00～20:00（最晚點餐時間 19:30）

🚪 不定休

🌐 ww.giontsujiri.co.jp/saryo/

🚃 JR「京都」站直達

京都推薦咖啡店

京都有好多大大小小的咖啡店，有些很早就成名並開立分店，有一些仍然隱藏在巷弄中，是咖啡老饕才會熟門熟路。近年也有不少年輕的咖啡店進駐京都，而且在海外或者東京都已經相當受歡迎，所以來到京都，喝咖啡一定要列入行程中。

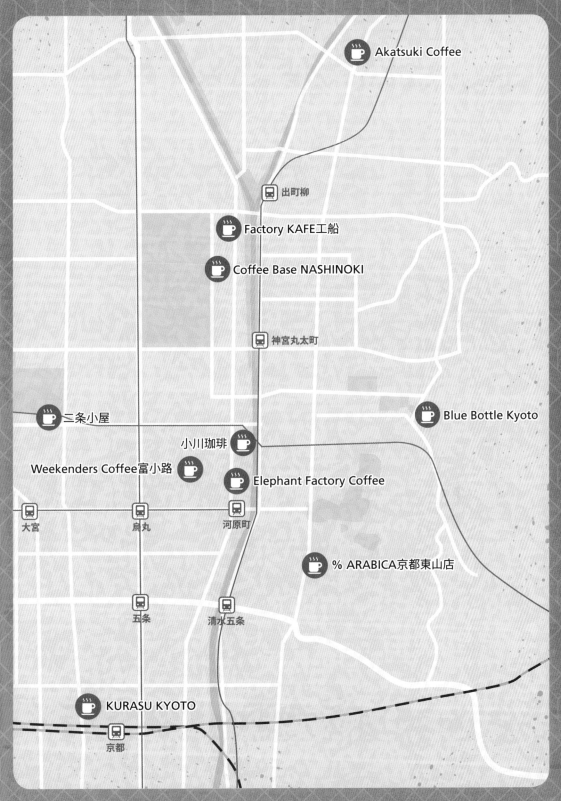

Akatsuki Coffee

出町柳

Factory KAFE工船

Coffee Base NASHINOKI

神宮丸太町

二条小屋

Blue Bottle Kyoto

小川珈琲

Weekenders Coffee富小路

Elephant Factory Coffee

大宮　　烏丸　　河原町

% ARABICA京都東山店

五条　　清水五条

KURASU KYOTO

京都

京都推薦咖啡店

澳洲風咖啡店
KURASU KYOTO

 官網　地圖

📍 京都車站周邊

KURASU 就在京都站附近，雖然步行 5 分鐘左右，但位置卻不太明顯。KURASU 從網路起家，出身京都的老闆大槻洋三曾經旅居北美，也曾在東京從事金融業，2013 年移居雪梨後，就創辦了 KURASU。

澳洲也是個喜愛咖啡的國家，日本許多咖啡師都因旅居澳洲而因此愛上咖啡。大槻先生移居澳洲後就展開新事業，後來發現咖啡的網路商機，也試著將咖啡館與美學結合，從一顆咖啡豆開始，咖啡壺、咖啡杯、沖調的用具等等，每一次的消費都是感官體驗與情感連結。這裡一杯咖啡比連鎖店便宜，但品質卻好上幾倍，是來到京都車站值得一去的咖啡店。

🏠 京都市下京區東油小路町552

🕐 8:00～18:00

🏠 星期三

🌐 kurasu.kyoto/

🚃 JR「京都」站中央口往Bic Camera
　方向步行約5分鐘

1 咖啡師都曾經在海外受訓，因此說得一口流利英語 2 店裡更有老闆精心挑選的咖啡器具 3 Latte (Small) 400 日圓，咖啡最貴也才 500 日圓，價錢比連鎖店便宜 4 營業時間是 8:00～18:00，剛好是上班族的上下班時間

46

來自香港的「％ ARABICA」，本店就在香港的愉景灣，但老闆卻是日本人東海林克範，在香港開店後才回到京都開店。「％」百分比的符號，中間是代表咖啡樹的樹枝，兩個圓型是代表了兩顆果實。景觀不錯的嵐山店具有高人氣，但若考慮交通便利性，東山店相較來說方便許多，而且人也沒有那邊多。由於這裡是前往或離開清水寺的必經之路，如果你從清水坂下車，走往清水寺的路上，一定會經過這裡。東山店其實是京都的第一間店，接著於嵐山和藤井大丸陸續開店，3 間分店皆位於京都。

他們使用的咖啡機是西雅圖的品牌 Slayer，而烘豆機則是日本品牌 Tornado King。老闆對於咖啡的製作有嚴格的要求，他從小在東京長大，後來到美國求學，再到香港開始第一間店。老闆也招募許多年輕出色的咖啡師，提升店內的生命力。

他們只賣咖啡，咖啡口味平均、不偏不倚。大概是因為這樣的口味，就連不常喝咖啡的人也覺得容易入口，而使得店外經常大排長龍。

官網 　　　 地圖

📍 清水寺、祇園周邊

％ ARABICA 的店面不大，只賣咖啡

🏠 京都市東山區星野町87-5

🕐 9:00～18:00

🌐 arabica.coffee/

🚌 搭前往清水寺的巴士，於「清水坂」站下車，步行約3分鐘／從清水寺步行約15分鐘

破屋子裡的咖啡店
二条小屋

FB

地圖

📍 二条城

🏠 京都市中京區最上町382-3

🕐 11:00～20:00

📅 星期二

🌐 www.facebook.com/nijokoya/

🚇 地下鐵東西線「二条城前」站1
號出口步行約3分鐘

如果你會去二条城可以順路拜訪二条小屋，喜歡咖啡的話就一定要來。從二条城離開，照著地圖走，會走到一個看似停車場的地方，這時會發現眼前這間破舊小屋就是二条小屋。破舊的外牆，有扇小窗，是買外賣的地方。推門進店後，昏黃的咖啡館幾乎沒有多餘的燈光，整個空間全靠那扇窗透進陽光。咖啡香氣也在大門打開後撲面而來。老闆西文先生出身文科，對這幢小屋子一見鍾情就自己動手改建成咖啡館。

這裡的飲品只有咖啡，也有蛋糕和三明治。店內的環境也是個適合放空發呆的地方，單是看西文先生沖咖啡的姿態也是種享受。不過二条小屋是「立飲咖啡店」，就是要站著喝咖啡，因此也不會在這裡待得太久。

1 店裡很小，所以不設座位 **2** 這裡的咖啡以手沖為主 **3** 這裡的咖啡杯都不一樣

慢工、慢活讓時間停止

Elephant Factory Coffee

地圖

📍 河原町

Elephant Factory Coffee 就在四条鴨川附近，雖然位於熱鬧的地方，不過還是要花點時間才找得到它。咖啡館在小巷的深處，經過曲折的窄巷，隱身於白色小建築物的 2 樓。

Elephant Factory Coffee 在京都是相當有知名度的咖啡店，但它過於低調，只有咖啡控才會找到這裡來。店長多年前在義大利發現了咖啡的獨特個性，就將他喜歡的味道帶回日本，在日本國內四處尋找理想的咖啡豆，最後選了北海道美幌所烘焙的豆。來店的大都是年輕且帶點個性的人，一看就知道不是盲目追求潮流的人，有的人獨自來就只為了喝一杯合自己口味的咖啡；有的想和朋友在這裡好好放鬆、好好地聊一聊。如果，你在日常生活中感到壓力破表的話，這裡或許可以成為稍微喘氣的空間。

🏠 京都市中京區蛸薬師通木屋町西入ル備前島町309-4 HKビル 2F

🕐 13:00～00:30

📅 星期四

🚃 阪急「河原町」站步行約5分鐘／巴士於「四条河原町」站或「河原町三条」站下車

1 這裡的咖啡比較苦，如果本身就不是很愛咖啡，可能會覺得難喝 2 老闆放了很多雜誌和書本，書本可以買回去，全都是二手

停車場角落裡的咖啡店

Weekenders Coffee 富小路

官網

地圖

📍 河原町

🏠 京都市中京區富小路通六角下
ル西側骨屋之町560離れ

🕐 7:30～18:00

🚪 星期三

🌐 www.weekenderscoffee.com/

🚉 阪急「河原町」站9號出口步行
約6分鐘／阪急「烏丸」站13號
出口步行約5分鐘／巴士於「四
条河原町」站或「河原町三条」
站下車

Weekenders Coffee 的總店在下鴨神社附近，現在因為富小路店的出現，所以那邊就只會賣咖啡豆。富小路店則隱身於一個不易發現的地方，可能走過了也不知道。在熱鬧的河原町一帶，Weekenders 選擇了在停車場後的一角，木造複合式傳統風格房子的店外只有一張木椅，基本上大家都是站在店前喝咖啡，或者乾脆就買回去。他們的咖啡豆是自家烘焙，老闆金子先生對於烘焙咖啡豆有他的一套哲學，他認為烘豆並非單一追求淺焙或者深焙，而是要把咖啡豆的甘甜和香氣提升出來。現在，全日本有多達 50 間咖啡店都使用他們的咖啡豆，假如你不懂如何沖調咖啡，不妨走來富小路店，喝一杯由專業咖啡師沖調的咖啡吧！

藍瓶子的百年町家店

Blue Bottle Coffee

當年來自舊金山有咖啡界 Apple 之稱的 Blue Bottle Coffee 登陸東京的清澄白河，帶來很多注目的話題，也讓許多人認識了清澄白河這一帶。2018 年，在東京已有 7 間分店的 Blue Bottle Coffee 正式進駐關西，第一家分店選在京都的蹴上，同樣是一個大家不太認識的地方，當然也帶來不少話題。

Blue Bottle Coffee 為了「入境隨俗」，在一家百年町家裡開店，這次感覺好像有點不一樣吧！不過，他們還是在一個不是很多人認識的地區開店，跟當年選址在清澄白河有點相似。雖然，這一帶在春秋兩季是賞櫻、賞楓名所，但仍然不是一般觀光客會第一時間到訪的地方。

兩層高的百年町家，建築策劃由長坂常氏負責，要保留町家古老氛圍其實不容易。這裡，把落地窗加進老屋中，引入更多天然光線，室內保留土壁和竹板條，門外鋪上神社寺廟和庭園常用到的砂子，走進去會有錯覺自己是不是真的去了咖啡店。京都店一樣按照日本人喜歡的習慣，推出了京都限定的商品，例如有「抹茶薄荷餅乾」和這裡才買得到的商品，粉絲絡繹不絕前來。「限定」這兩個字，真的讓好多人無法拒絕！

官網

地圖

📍 南禪寺

1 店內有義式咖啡，也有手沖單品咖啡，迎合不同口味的客人 2 柚子蛋糕充滿柚子清香，用來配咖啡當早餐是最好不過 3 Blue Bottle Coffee 盡最大努力，保留房子最原本的味道

🏠 京都市左京區南禪寺草川町64
🕐 9:00～18:00
🌐 store.bluebottlecoffee.jp/
🚇 地下鐵東西線「蹴上」站步行約6分鐘／巴士「南禪寺」站下車步行約10分鐘

京都本土咖啡店
小川珈琲
三条店

官網　　　　地圖

📍 河原町

　　小川珈琲（OGAWA COFFEE）於 1952 年開始營業，老闆是小川秀次先生，本來是個人獨自經營的，後來成立公司。小川先生在太平洋戰爭時，出征巴布亞新畿內亞，然後參加了咖啡栽培，所以戰後他做起了咖啡豆批發生意。後來在 1957 年成立公司之後，就在京都市內廣開分店，現在全國有 40 多間店舖。小川珈琲在 2008 年於「日本咖啡師錦標賽」的比賽中，由他們當時的咖啡師岡田章宏先生擊敗了 153 名咖啡師，因而讓更多人認識小川珈琲。

　　小川珈琲擁有大型的烘焙工廠，除了咖啡店，還會批發咖啡豆，有可能你在日本某餐廳喝到的咖啡，正是小川珈琲。你想回到家也可以喝到嗎？現在也很方便，因為他們的咖啡豆都有進到超市販賣，連海外都有。

🏠 京都市中京區三条通河原町東
入中島町96-2

🕘 9:00～20:00（星期一至五）、
9:00～21:00（星期六、日及公
眾假期前夕）

📧 無休

🌐 www.oc-ogawa.co.jp/

🚌 京阪電鐵「三条」站下車步行
約2分鐘／地鐵「京都市政廳」
站步行約6分鐘／巴士於「河原
田町三条」站下車步行約2分鐘

1 雖然是大型咖啡店，但他們仍細心地為每位客人做出漂亮的拉花　**2** 來到這裡可以選吧檯的位置，能直接欣賞到咖啡師的沖泡過程

官網	地圖

📍 叡山電鐵沿線

Factory 可以說是一個咖啡豆烘焙工廠，這裡由一位少見的女性烘豆師瀨戶更紗小姐主理，店內有一部大型的炒豆機，是東京富士製的舊型半熱風式的烘焙機。她其實是日本有名的烘豆師大矢實先生的徒弟，大矢先生早在 1998 年就於京都的美山町裡創立了 Ooya 烘焙工作室，很多餐廳和咖啡店都會找他買豆。

Factory 位於一幢舊大樓內，據說這裡曾是駐日美軍醫院的倉庫和撞球場，是歷史感滿滿的一個地方。店內一邊有一張大的長桌，可以坐 6 個人，有些常客直接帶著筆電點一杯咖啡和三明治就開始工作。窗邊是沖泡咖啡的地方，有 4 個單人座位，可以一邊看著瀨戶小姐沖咖啡。這裡很原始，煮熱水會用瓦斯爐來煮，不用插電的電熱水瓶，然後使用法蘭絨濾布來沖咖啡。這裡的咖啡因為用法蘭絨濾布沖調，所以會比較醇厚。由於法蘭絨濾布的處理比較麻煩，清洗後要放進冰箱，一般很少咖啡店會使用，但這裡卻為了客人可以享受到最香醇的咖啡，寧可自己多下一點功夫。

🏠 京都市上京區河原町通今出川下ル梶井町448 清和テナントハウス2F G号室

🕐 12:00～21:00

🏠 星期二

🌐 ooyacoffeeassociees.com/navi/kafekosen/

🚃 京阪電鐵或叡山電鐵「出町柳」站下車步行約10分鐘／巴士於「河原町今出川」站下車

1 簡單的器具就可以沖調出一杯醇厚的咖啡 2 老闆選用了陶器咖啡杯，看得出老闆的個性，非隨波逐流

小倆口的咖啡店
Akatsuki Coffee

 官網　 地圖

📍 叡山電鐵沿線

　　Akatsuki Coffee 是由中島優夫婦一起經營，簡單的咖啡店，陳設都是「剛剛好」足夠，不多不少。夫婦二人，丈夫主要負責沖調咖啡，太太負責餐點。這裡提供的是簡單輕食，午餐可以點一客沙拉套餐，中島太太就會馬上製作。中島先生本身很喜歡咖啡，開咖啡店也是他的理想，他在店內設有兩台磨咖啡豆機，一台專門負責 Cappuccino，另一台則是負責 Expresso，他還耐心的等客人吃完主菜之後，才慢慢的沖調一杯新鮮的咖啡端上桌面。中島先生希望這裡帶給大家一刻喘息的空間，所以店內不可使用電腦，附近就是惠文社，不妨買一本書來這裡休息一下。

1

🏠 京都市左京區一乘寺赤ノ宮町 15-1

🕐 10:00～17:00

🌐 www.akatsukicoffeec.com/

🏠 星期日及每月第二個星期三

🚃 京阪電鐵或叡山電鐵「一乘寺」站下車步行約10分鐘

2

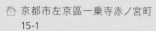
3

1 很多咖啡店都是在同一個位置製作食物和沖調咖啡，這裡卻分得很開，可見中島先生對咖啡的執著 2 簡單的沙拉，配上一杯熱湯和咖啡，也不過是 1000 日圓 3 奶泡細滑的 Latte，550 日圓

神社裡的咖啡店

Coffee Base NASHINOKI

官網 ／ 地圖

📍 京都御所

Coffee Base NASHINOKI 在 2022 年才開幕,是 Coffee Base 在京都的第二家分店。Coffee Base NASHINOKI 開在梨木神社的舊茶室裡,旁邊就是京都御所,很適合早上散步過來。他們因地利之便,使用神社前的御手洗的水來沖煮咖啡。這裡的水可說是京都名水染井之水,一般人只要付 100 日圓就可取水,也可以從咖啡裡喝到這名水的清甜風美。夏天來的話,Cold Brew Single Origins 是不錯的選擇,雖說咖啡豆會有較多水果風味,但一點酸味也沒有,加上使用名水來冷萃,味道多了一份清甜。

🏠 京都府京都市上京區染殿町 680梨木神社境

🕙 10:00～17:00

🏠 星期三

🌐 www.kanondo.coffee/blog/ coffeebasenashinoki

🚈 地下鐵烏丸線「今出川站」6號穿過京都御所出口,步行16分鐘／市巴士205、17及4號於「府立醫大醫院前」下車,步行4分鐘

1 梨木神社 2 店內只有站著的吧檯,客人可以在店外的位置享受咖啡,環境清幽

京都名水 染井之水。

京都老舖：喫茶店、茶室、Café

京都現在仍保留許多老店，特別是一些喫茶店和茶室，這裡特別多，還有從老建築改建的特色 Café，一樣古色古香，想回到過去的時光，京都是個最好的地方。喫茶店大家可能經常看到，其實這是日式古老的咖啡店的稱呼，除了提供炭燒咖啡之外，有些還會提供簡單輕食，如蛋糕和三明治或沙拉，而且大多都是可以吸煙的，跟現代的咖啡店多提供義式咖啡不同。

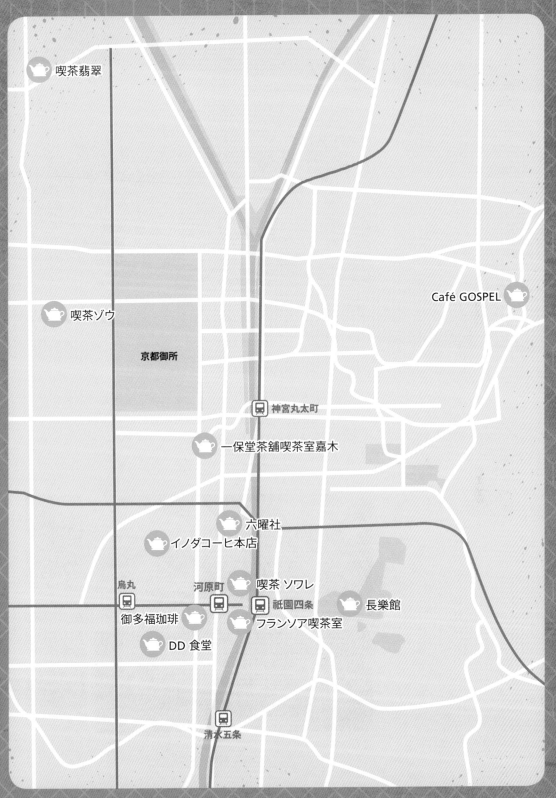

喫茶翡翠

喫茶ゾウ

Café GOSPEL

京都御所

神宮丸太町

一保堂茶舗喫茶室嘉木

六曜社

イノダコーヒ本店

喫茶 ソワレ

烏丸　河原町　祇園四条　長樂館

御多福珈琲　　フランソア喫茶室

DD 食堂

清水五条

300 年老茶舖
一保堂茶舖
喫茶室嘉木

 官網　　 地圖

📍 二条城・京都御所・
金閣寺周邊

一保堂茶舖在 1717 年創業，至今已有 300 年歷史，是京都數一數二的老店之一。他們的茶葉在日本非常知名，位於寺町通二条上的本店，更附有茶室嘉木，不時都有人在等位，為的是可以馬上喝一口他們的茶。一保堂的茶並非只有來自京都，同時也有來自滋賀和奈良縣。來到他們的茶室，為了讓客人體驗到茶的文化，所以茶都是由自己來泡。店員會簡單教導泡茶的方法，原來水的溫度會令茶有不同的變化，想喝到口感平衡的茶，就要利用 80 度的熱水來泡。

🏠 京都市中京區寺町通二条上ル

🕐 10:00〜17:00（最後點餐時間 16:30）

🌐 www.ippodo-tea.co.jp/

🚌 地鐵「京都市役所前」站11號出口步行約5分鐘／京阪電車「三条」站12號出口步行約10分鐘／巴士於「京都市役所站前」站或「河原町丸太」站步行約5分鐘

1 2 古色古香的店舖，仍然使用手寫的價目表 3 水溫在泡茶過程中相當重要，而頭三泡茶會帶給你三種不同的層次 4 如果你點煎茶，茶就是自己泡；如果點抹茶則會由茶師來處理 5 一保堂的煎茶很受歡迎

フランソア喫茶室在 1934 年就開始營業，80 年的歷史使這裡的建築也成為了「有形文化財」。第一代老闆是立野正一，他本來立志要成為畫家，對於店內的陳設都採用了歐洲的風格，連店名都是取自法國畫家尚法蘭索瓦·米勒（Jean-François Millet）。室內的裝潢委託了一位從義大利來到京都留學的 Bentivegni 先生，走進店內完全沒有置身在京都的感覺，更有點像在巴黎街頭的老咖啡店一樣。

フランソア喫茶室保留了昭和初期的氣味，其實最初這裡是一幢町家建築，開店 9 年後才改建成現在充滿巴洛克風格的歐式建築。當時，這裡曾經成為京都反戰刊物《土曜日》的大本營，許多有關的人均被京都政府列為監視對象，這一群人嚮往著自由主義，因此フランソア喫茶室也正代表著當時京都的自由空氣。

フランソア喫茶室歷史氣味的知名度好像高過於食物，其實這裡的咖啡也是相當具人氣。當年為了配合演員宇野重吉的口味，他因為咖啡太苦而不喜歡喝咖啡，所以第二代老闆立野留志子女士和職員，不停地在改良咖啡，終於想出了利用鮮奶油和煉乳加到咖啡中，果然讓不喜歡喝咖啡的宇野喝起咖啡來，從此也成為了這裡的招牌咖啡「珈琲（フレッシュクリーム＆ブラック）」。

官網　地圖

📍 河原町

1 立野先生當年親自從東京把這幅複製名畫買來裝飾，這是來自於義大利名門貴族美第奇家族出版的蒙娜麗莎畫作 2 這裡的起司蛋糕相當受歡迎，使用了大山牛乳和來自丹麥的起司 3 不喜歡甜的食物，這裡也有 pizza 吐司 4 加入了鮮奶油的咖啡，700 日圓

🏠 京都市下京區西木屋町通四条下ル船頭町184

🕙 10:00～22:00（最後點餐：飲品21:30、食物20:00）

📅 12月31日、1月1日、1月2日

🌐 www.francois1934.com/

🚃 阪急電鐵「河原町」站1號出口步行約1分鐘／巴士於「四条河原町」站下車

回到昭和年代的復古情調

喫茶ソワレ
Soiree

官網　　　地圖

📍 河原町

喫茶ソワレ和フランソア喫茶室好像是差不多風格的喫茶室，好多介紹日本喫茶店的書，都會把這兩間店放在一起。不過，當你走進來之後，就會發現這兩間都在附近的喫茶店，其實是很不一樣的！

喫茶ソワレ於 1948 年開始營業，由現任老闆元木英輔先生的父親經營，他本來就很喜歡收藏日本現代西洋畫家東鄉青兒的畫作，後來索性就把這些畫作和木版畫都放到店內裝飾，據說東鄉青兒也很喜歡這裡，那時都會經常光顧。喫茶ソワレ有兩個最特別的地方，第一是這裡不會播放音樂，跟一般的喫茶店很不同，因為他們注重人與人之間的交流，音樂聲會妨礙了大家的對話；第二是這裡研發了多款彩色果凍飲料，果凍在蘇打汽水中，好像一顆顆晶瑩的寶石，不愛咖啡的人也可以走進喫茶店內享用。

ゼリーポンフロート，果凍蘇打汽水配冰淇淋，800 日圓

🏠 京都市下京區西木屋町通四条上ル

⏰ 星期一～五13:00～19:00、週末及節假日13:00～19:30

🏠 星期一

🌐 www.soiree-kyoto.com

🚌 阪急電鐵「河原町」站木屋町出口即見／巴士於「四条河原町」站下車

大文豪的喫茶店
イノダコーヒ本店
INODA

官網　　　　地圖

📍 河原町

　日本大文豪池波正太郎在他的散文集《随筆集「むかしの味」》（昔日之味）中說過，他每一天都要先到イノダコーヒ本店（INODA COFFEE）喝一杯咖啡，他的一天才正式開始。這裡在1940年開業，距今已有70年的歷史，本店的建築曾經遭大火燒毀，現在看到的是重建後的模樣。這裡的裝潢感覺比較高級，挑高的內部和扶手座椅，就是一派高級老店的氣氛。

　INODA COFFEE的招牌咖啡是「アラビアの真珠」（阿拉伯的珍珠），其實就是使用阿拉伯的咖啡豆，然後咖啡在上桌前就已加入牛奶和一點點的糖。這杯咖啡的出現，原來是因為當時西陣一帶十分繁榮，那時附近的和服店老闆都會來這裡談生意。談得興起，就會忘記了喝咖啡，因為放涼了的咖啡是很難和脂肪較多的牛奶與糖融合，所以創辦人豬田七郎就想出了先把牛奶和糖跟咖啡混合好才上桌。咖啡依舊會附上一顆白糖，覺得不夠甜可以自己再加一點進去，這杯咖啡喝下去未必覺得驚艷，卻可以感受到豬田先生的細膩心思。

1 ボルセナ是白醬義大麵，也是滿多人點的食物，使用銀色盤子上桌。ボルセナ英文是 Bolsena，其實是位於義大利中部的一個城市 **2** ハンバーグサンド（漢堡三明治），厚厚的漢堡配上起司，飽足感十足 **3** 「アラビアの真珠」（阿拉伯的珍珠），可以在下單時交代不要加糖和牛奶

🏠 京都市中京區堺町通三条下ル道祐町140

🕐 7:00～18:00（最後點餐17:30）

🚪 無休

🌐 www.inoda-coffee.co.jp/

🚆 地下鐵「御池烏丸」站下車步行約10分鐘

「魯邦三世」的咖啡店
御多福珈琲

FB　　地圖

📍 河原町

老闆野田敦司先生的裝扮真的有點像魯邦三世，這裡並不是什麼老店喫茶店，別被它的昭和時代洋風裝潢騙到了！野田先生本身於 2000 年開始，在百萬遍手作市集以小攤販的形式賣咖啡，直到 2004 年才找到現址開設御多福珈琲。現在，野田先生仍然於每月 15 日參加百萬遍手作市集，他那香醇的咖啡讓大家很難忘！當你走到御多福珈琲，吧檯上總是坐滿了人，每一位老顧客都喜歡和野田先生聊上兩句，喝完一杯咖啡就像是每天一定要完成的事。

🏠 京都市下京區寺町四条下ル貞安前之町609

🕐 10:00～21:30

📅 每月15日

🌐 ja-jp.facebook.com/pages/御多福珈琲/235924209778426

🚃 阪急「河原町」站8號出口步行約1分鐘／搭巴士於「四条河原町」站下車步行約3分鐘

1 店內的裝潢很有昭和時代的味道，不知道的還以為是一家老店 **2** 当店自慢ブレンドコーヒー，440 日圓，是大家很愛點的咖啡 **3** 英式起司蛋糕，起司味道不會過份濃郁，搭配咖啡就是剛剛好 **4** 大家都很愛坐在吧台上跟野田先生聊天

官網　地圖

📍 清水寺、祇園周邊

　　長樂館位於円山公園旁，是一幢有百年歷史的建築，已經被京都市政府指定為有形文化財產之一。這裡建於 1909 年，是明治時代的產物，老闆是日本「煙草大王」村井吉兵先生，當時他興建這裡是用來接待賓客，據說伊藤博文、山縣有朋等等都曾經入住過。

　　沒錯，長樂館有提供住宿的服務，不過外國人想網上預訂只可提前 3 天訂房。長樂館最吸引人的是餐廳的裝潢，因為使用了歐洲華麗的風格，現在還保留很多古董，進來後會不自覺的以為自己置身於歐洲高級的餐廳裡。長樂館用餐花費當然並不親民，如果只來吃蛋糕和一杯咖啡或紅茶，一人大概就要 2000 日圓左右的價格。不過，這裡環境和服務才是重點，如果你點甜點，服務生會在上桌時才為你裝飾盤子。如果預算多一點可以奢華些，這裡約 4000 日圓／人的英式下午茶是很有人氣呢！

1 館內的甜點，除了在餐廳內享用，也可外帶 **2** 服務生會在客人面前先說明食物有什麼食材，然後再裝盤 **3** 長樂館不時都會推出季節限定甜品

🏠 京都市東山區八坂鳥居前東入円山町604

🕐 11:00～18:30（最後點餐時間18:00）

🌐 www.chourakukan.co.jp

🚌 搭100、206號巴士於「祇園」站下車步行約6分鐘

佛寺裡的 Café
京都造型藝術大學 d 食堂

官網　　　地圖

 河原町

京都 d 食堂是 D&D Department 和京都造型藝術大學共同合作的項目，最具特色的是興建在佛光寺內。D&D Department 在很多地方設有店舖，把職人的工藝帶進大城市裡，讓大家在自己生活的地方，也可以輕易買到這些產品。此外，他們設立了 d47 食堂，將 47 個都道府縣的食材也一同帶進來，讓城市裡的人也能吃到各地的鄉土料理。

D&D Department 和京都造型藝術大學一起打造京都風味的 d 食堂，這裡提供的料理都加入許多京都的元素，跟 d47 食堂有很大的分別，因為 d47 食堂是把其他縣市的食材帶進城市裡，而 d 食堂是利用當地的食材，讓外來的遊客都可輕易體會到在地食材及當地文化。食堂旁邊是他們的店舖，有不少從各地來的雜貨和職人工藝，還有從各縣搜羅回來的中古餐具。

🏠 京都市下京區高倉通仏光寺下
ル新開町397本山佛光寺

🕐 11:00～18:00

🏠 星期二、三

🌐 www.d-department.com/ext/
shop/kyoto.html

🚇 地下鐵「四条」站5號出口步行
約5分鐘

1 把年輕人帶入寺內也是 DD 食堂選址這裡的原因 **2** 利用寺院的茶室來改造的 DD 食堂 **3** 這裡的料理很簡單，除了一汁三茶的定食外，還有茶漬飯，使用了京都的漬物，相當在地的食物 **4** 他們旗下的雜誌 d design travel

六曜社是京都其中一家老店咖啡店，在昭和 25 年（1950 年）創業，歷經三代傳承。如果你想感受傳統日式喫茶店，六曜社是非去不可。「六曜」這個名字，原本來自中國的陰陽學，也是現在日本皇曆中 6 個重要日子的總稱，包括：先勝、友引、先負、佛滅、大安和赤口。這 6 個日子在中國已經不再使用，反而在日本的日曆中仍然可以看到，還有一家小小的咖啡店以此為名。

六曜社位於地下室，共有兩層，如果你想快點吃到糕點和咖啡，就到上層；若想慢慢享受一杯咖啡，就選擇到樓下吧。喫茶店跟現代的洋式咖啡店有一點不同，這裡以人情味為重心，咖啡師會與客人交談，也會有舒適的桌椅可舒服坐著聊天，這跟年輕的義式咖啡店標榜「快速」很不一樣！這裡白天是咖啡店，晚上搖身一變成了酒吧，讓客人感受另一種的精彩，更重要的是還堅持提供空間讓客人交流，這就是人情味！

昭和 25 年創業
六曜社地下店

官網

地圖

📍 河原町

1 店內桌椅仍停留在 50 年代的風格 2 日式咖啡店怎少得了日式炭燒咖啡 3 這裡的甜甜圈也是很有人氣

🏠 京都市中京區河原町三条下ル大黑町40

🕐 咖啡店12:00～23:00（最晚點餐時間22:30）、bar17:00～23:00（最晚點餐時間22:30）

🚪 星期三

🌐 rokuyosha-coffee.com/

🚃 京阪「三条」站步行約1分鐘／「京都市役所前」站步行約2分鐘

舊式洋房歐風
Café GOSPEL

地圖

📍 銀閣寺

Café GOSPEL 是一幢白色的洋房，牆壁上布滿翠綠的樹葉。這裡其實一點都不難找，在公車「銀閣寺前」站下車大概走 5 分鐘。這一帶是個小小的住宅區，很寧靜，跟車站那邊人潮不斷是個很強烈的對比。

Café GOSPEL 這幢白色洋房建於 1982 年，是繼承知名建築師 Vories 的理想，由 Vories 事務所興建，很有文藝復興的風格，本來是想興建來當住宅的。GOSPEL 位於 2 樓，室內沒有柱子，空間感滿不錯的，寬敞明亮的空間看起來一覽無遺，另一邊有幾片落地大窗戶，陽光就這麼照射進來，感覺在白天來比晚上好，因為陽光溫暖的感覺，跟這裡的家具很搭配。店內的傢俱大有來頭，全部都使用了 1920 年的英國古董傢俱，還有德國 SIEMATIC 廚具，配上每天精選的 JAZZ 音樂或古典音樂，心情馬上放鬆起來。

1 GOSPEL 的老闆是位三十多歲的年輕人，這些珍藏的黑膠唱片是他媽媽喜歡的，舅舅也愛西洋的老歌，他就一併收藏在這裡 2 這屋內有一個小露台，外面看起來像八角形塔的部份，那裡放了桌椅，可坐下 6 個人，需要先預約 3 深棕色的木地板和古典桌椅，室內沒有多餘的燈光，反而利用更多自然光照亮整個空間 4 午餐是現點現做，所以需要有些耐性等待，白醬焗烤通心粉加一份新鮮沙拉，對於女生來說，這裡午餐的份量剛剛好

🏠 京都市左京區淨土寺上南田町 36

🕐 12:00～18:00

🏛 星期二

🚌 搭巴士於「銀閣寺前」站下車步行約5分鐘

京都老舖：喫茶店、茶室、CAFÉ

美味的雞蛋三明治

喫茶ゾウ

 官網　 地圖

📍 京都御所‧金閣寺周邊

通常我們看到的喫茶店，多半已經是幾十年的老店，不過喫茶ゾウ的外型很復古、非常可愛，卻並不是老店，但在京都也一樣受歡迎。這家喫茶店是由愛知縣一間味噌店「今井釀造」經營，他們在京都已先後開了 2 間，ゾウ是第 3 間分店。店名「ゾウ」的發音是「ZOU」，與大象的日文發音相同，因此使用可愛的大象商標。他們的食材也用上味噌，相當有人氣的雞蛋三明治加了味噌後口感層次提升不少，也成為這家店的招牌名物。他們還把味噌加到招牌雞蛋布丁裡，焦糖醬中加了味醂，味道一樣非常搭。

🏠 京都府京都市上京區三丁町
　　440-3

🕐 9:00～17:00

🏠 星期二和不定休

🌐 www.instagram.com/kissa_
　　zou/

🚌 地鐵烏丸線「今出川站」6號出
　　口步行11分鐘／從晴明神社步
　　行7分鐘

1 雞蛋三明治 858 日圓 **2** **3** 復古風的飲料也是很受歡迎 **4** 在焦糖醬內加了味醂，甜度變得自然可口，495 日圓

　喫茶翡翠是一間屬於昭和時代的喫茶店，1966 年創業（昭和 36年），店內的裝潢一直沿用至今，保留了滿滿昭和時代的氣息，讓人仿如時光倒回。店內有圓型席、吧檯席和沙發席，柔軟的座椅讓人輕鬆自在的享受一頓咖啡時光。這裡推薦的食物包括水果芭菲、法式吐司和拿坡里義大利麵，水果芭菲是創業開始就已經有的菜單，一直都很有人氣。

昭和時代的喫茶店
喫茶翡翠

官網

地圖

📍 京都御所・金閣寺周邊

1 咖啡是老顧客必點的飲料 2 創業就有的水果芭菲

🏠 京都府京都市北區紫野西御所
田町41-2

🕐 9:00～21:00（星期日至20:00）

🌐 caffe-0201.com/

🚇 地下鐵「北大路站」步行約10
分鐘／市巴士「北大路堀川
站」步行5分鐘

京都不可錯過的餐廳

京都優秀的甜點店很多，但要找到道地的餐廳吃東西就不簡單了，因為水準高的大多都是高級料亭，也多半要訂位，便宜的則只是連鎖快餐店，所以說在京都找正餐其實很花腦筋。為了節省大家查找的時間，以下介紹8間京都一定要去的餐廳，全部品質有保證又不貴喔！

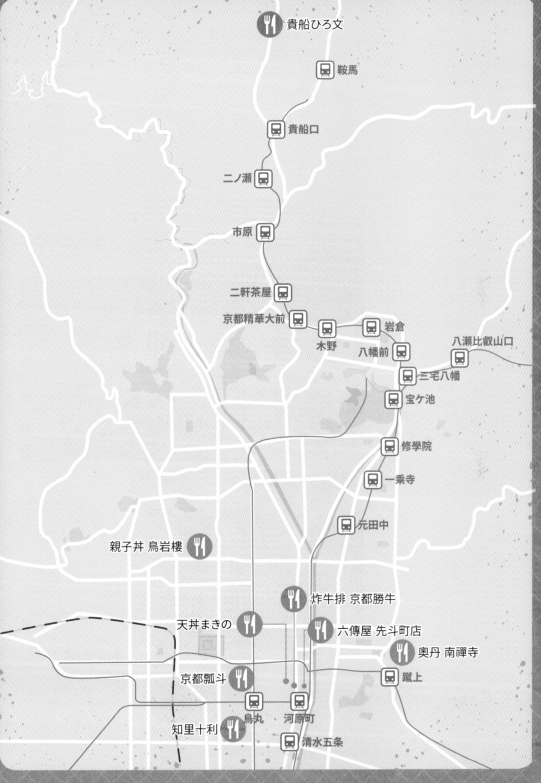

貴船ひろ文

鞍馬

貴船口

二ノ瀬

市原

二軒茶屋

京都精華大前

木野

岩倉

八幡前

八瀬比叡山口

三宅八幡

宝ケ池

修學院

一乘寺

親子丼 鳥岩樓

元田中

炸牛排 京都勝牛

天丼まきの

六傳屋 先斗町店

奥丹 南禪寺

京都瓢斗

蹴上

烏丸

河原町

知里十利

清水五条

巷弄裡的擔擔麵
六傳屋

官網　地圖

📍 河原町

🏠 京都市中京區先斗町通四条上ル下樵木町199

🕐 11:30～14:00、17:00～22:00

🏠 星期三

🌐 kiwa-group.co.jp/rokudenya_pontocho/

🚌 搭巴士於「四条河原町」站下車步行約10分鐘／京阪「四条站」步行約6分鐘／阪急「河原町」站1號出口步行約5分鐘

要找六傳屋要花點時間，它雖然在先斗町裡面，但先斗町其實是一條很小的弄巷，如果你要跟著地圖走，會有種「怎麼走都會走過了頭」的感覺。六傳屋主打賣的是擔擔麵，當然是改良版關西風的擔擔麵，因此也不會太辣。他們的白味噌和黑胡麻擔擔麵都是最受歡迎，還有「土手燒」，有點像關東煮，加了濃稠醬汁去燉煮，基本上每一桌都會點一份。擔擔麵的湯頭帶點濃稠，喝一口湯會嚐到一丁點麻辣裡花椒的味道，帶一點甜味，所以不吃辣的人也不用太擔心，再配上有嚼勁的麵條，比日式拉麵更有味道。

1 店家不大，但有兩層，是木造的建築 2 名物土手燒，像關東煮一樣的燉菜，蘿蔔和牛筋都燉得很入味 3 白味噌擔擔麵 4 黑胡麻的味道更濃郁

京都不可錯過的餐廳

家庭式居酒屋料理

知里十利

官網　地圖

河原町

知里十利是京都一間道地的居酒屋，已經有 36 年的歷史，他們以家庭料理為主，由兩夫婦一起經營，大多都是老闆自己研發的小菜。由於他們的菜色太多，所以老闆就把他做過的所有菜式都放到 Instagram 上，同時又解決了外國人不會日語的問題。不會日語的客人，可以從 IG 的相片裡指給老闆看，菜色多達幾十款，老闆熟練地立刻煮出來。

雖然夫婦二人不會說流利的英語，但他們會用簡單的英語與外國客人溝通，如果想感受居酒屋的氣氛，非常推薦知里十利。

1

2

3

4

1 2 牆上會掛上「本日のおすすめ」menu（本日推薦），但基本上沒有 Menu，價格大概由 600 至 1500 日圓不等 3 推薦老闆自家菜式「カーレー春卷」（咖喱春卷），800 日圓 4 老闆很厲害，一看相片就可以煮出來

- 京都府京都市下京區布屋町 92-1
- 17:00～24:00
- www.instagram.com/kyotochiritori/
- JR「京都站」步行20分鐘／地下鐵「五条站」2號出口步行4分鐘

中午限定親子丼
鳥岩樓

地圖

📍 金閣、二条城周邊

日本有許多地方都吃得到親子丼，親子丼在秋田更是名物之一，你想不到原來在京都也有一間人氣的老牌親子丼餐廳。鳥岩樓在西陣，即是晴明神社附近，那裡比較沒有太多遊客，但有很多遊客會特地走過來。在一幢古老的和式建築裡，晚上本來是賣雞肉火鍋，而白天中午時就賣親子丼。

親子丼就是雞肉雞蛋飯，嫩嫩的雞肉，配上半生熟的雞蛋，上桌時再把一顆生的雞蛋打在上面，吃下去就有三種口感。此外，每份親子丼都會搭配一杯雞骨湯，非常鮮甜美味。這裡中午只有供應親子丼，因此入座時都不會有菜單，店員都是按人數直接上菜。

親子丼 900 日圓

🏠 京都市上京區五辻通智惠光院
西入ル五辻町75

🕐 11:30～15:00

🚌 搭巴士於「今出川」站下車步行
約5分鐘／從晴明神社步行約
10分鐘

好多人都知道在京都可以吃到流水麵，這個是京都人喜歡的夏天活動。要吃到流水麵，可以到貴船，那裡每年的 5～9 月，各家料理店都會提供川床料理，讓大家在一個涼快的地方（如河川上的平台）上享用料理。不過，川床料理並不便宜，一餐大概要 5000 日圓以上。想體驗一下吃川床料理，又不想花太多錢，那麼流水麵就是一個好選擇。

貴船ひろ文是其中一間有名的流水麵店，從貴船神社往上走一會兒，就會到ひろ文。客人要先在店前買票，然後拿一個排隊號碼，再到店內等候，如果你不想等太久，最好在 11 點就要到。吃的時候，店員會把素麵從長長的竹筒管道放下，而最後一份麵條會是粉紅色的，代表是最後一份了。用餐的時間不會太久，每人大約 20～30 分鐘就會吃完。當然，在 7～8 月的旺季，這裡要等候的時間就會更長。

1 購買後大家可以拿這紙扇，上面寫有等候號碼，以及吃麵的方法 2 ひろ文擁有漂亮的景觀，是別家沒有的 3 大家不用擔心衛生的問題，因為一組客人只用一組竹管，水也不會再用 4 夾麵時一定要留意，因為錯過了麵就浪費了 5 粉紅色麵條代表是最後一份

夏天限定流水麵
ひろ文

官網　　地圖

📍 叡山電鐵沿線

🏠 京都市左京區鞍馬貴船町87

🕐 11:00～15:00（供應日期5～10月中旬）

🚫 12月30日、31日；1月1日

🌐 hirobun.co.jp/

🚌 搭叡山電鐵於「貴船口」站下車，從貴船神社步行約6分鐘

370 年歷史湯豆腐店
奧丹

| 官網 | 地圖 |

📍 銀閣寺、平安神宮周邊

京豆腐在日本國內相當有名氣，擁有 300 多年歷史的奧丹是其中一家湯豆腐老店。他們在 1635 年江戶時代創業，有幾百年製作豆腐的經驗，多年來堅持傳統製法，再加上京都的水質佳，因此百年來都迄立不倒。他們提供的是精進料理，就是全部為素菜的寺廟料理，男士去的話就要有心理準備。

他們每天限定的懷舊豆腐，除了嚴選有機優質黃豆之外，更利用古法製作，需用手親自磨豆，再加入滋賀縣北比良的地下水，使用天然的凝固方法，不加人工凝固劑，製造出豆味香濃又軟滑的豆腐。

昔どうふ一通り，懷舊豆腐 4000 日圓

🏠 京都市東山區清水3丁目340番地

🕐 11:00～16:30（星期一～五）、11:00～17:00（星期六、日及公眾假期）

🚪 星期四

🚌 搭巴士於「清水坂」站下車，沿庚申堂往清上寺方向走約6分鐘

別以為吃天婦羅就要去東京銀座的高級料亭才吃得到，近年在大關西一帶，就有一家經濟實惠又品質高的天婦羅蓋飯，門外常常大排長龍，一碗滿滿的天婦羅蓋飯不用 1500 日圓。他們價錢親民，但並不是用快餐店的概念去經營，由客人下單才開始上粉和粉漿，然後在客人面前放下熱油中炸，全部都是新鮮製作。你想吃得豪氣一點，可以點滿滿都是蝦子或者海鮮天婦羅蓋飯，上桌前師傅再澆上秘製醬汁，每一口飯都可以吃到天婦羅和醬汁，實在是十分豐富的口感。

寺町通分店有兩層樓，1 樓是吧檯可以看到師傅製作天婦羅，如果你是 3 人或以上，大多數都會安排在 2 樓，2 樓全是 4～6 人桌。

官網　　地圖

📍 河原町

🏠 京都市中京區寺町通下る中筋町 481-3

🕐 11:00～15:30（最後點餐15:00）、17:00～21:00（最後點餐20:30）

🌐 www.toridoll.com/shop/makino/

🚃 阪急電車「河原町」站9號出口步行約5分鐘／地下鐵「京都市役所前」站步行約10分鐘／搭巴士於「四条河原町」站或「三条河原町」站下車

1 天婦羅在客人下單後才製作，不說還以為自己在高級料理店中 2 天婦羅蓋飯 1290 日圓起，最貴都不到 2000 日圓，不時會推出當季的限定 3 桌上有提供調味料，加一點在天婦羅上會提升味道 4 店內每桌幾乎都會點味噌湯或蛤蜊味噌湯，味道相當不錯

只炸 60 秒的炸牛排
牛カツ專門店勝牛

| 官網 | 地圖 |

📍 清水寺、祇園周邊

牛カツ專門店勝牛是從京都先斗町起家的餐廳,「牛カツ」即是炸牛排的意思,店家把大家吃牛的習慣大膽地推翻,把炸豬排和吃牛排的概念結合起來。我們一般吃牛排都會按個人口味選擇牛排的熟度,大部份吃品質好的牛排時,都會選擇 5 分熟或 3 分熟,就是為了保持牛排的柔軟質感和味道。

他們的牛肉會使用黑毛和牛或者是美國牛肉,再配上加了京都九條大蔥的赤味噌。此外,為了保持牛肉的質感和味道,在上了一層薄粉衣之後,下油炸只有 60 秒,切開之後還會看到牛肉裡面仍是紅色,還可以吃到嫩嫩的感覺。這是店家為大家帶來不一樣的牛排,但又沒有破壞吃牛排原有的風味,因此近年很多人到訪,現是在全國都有多家分店,就連去到仙台、福岡和東京都有分店。

🏠 京都市中京區裏寺町594 OCT
ビル1F（河原町店）

🕐 11:00〜21:00
（最後點餐20:30）

🌐 kyoto-katsugyu.com/

🚌 阪急電車「河原町」站3B號出口
步行約3分鐘／地下鐵「京都市
役所前」站步行約10分鐘／搭
巴士於「四条河原町」站或「河
原町三条」站下車

1 切開裡面還是粉嫩的炸牛排,牛排沾了雞蛋汁味道很不一樣! 2 吃炸牛排可以搭配不同的調味,先試每一種的調味,再看哪種比較喜歡。調味包括:芥末、醬油、山椒鹽和京都風味咖哩汁

高級美湯豚涮涮鍋
瓢斗

瓢斗也是京都的道地料亭，專門吃涮涮鍋，這裡的豬肉跟牛肉受歡迎的程度不分上下。豬肉使用日本上級的美湯豚，美湯豚是來自鹿兒島，在日本非常知名，用來做涮涮鍋也不會把湯變得油膩，幾乎一點油也沒有，吃多少片也不會有油膩感。而牛肉則使用滋賀的近江牛，油花分布平均，不會過肥，因此用來做涮涮鍋也是相當合適。

這裡在京都算是高級的餐廳，如果晚上來到可能要一個人 7000～8000 日圓才行。如果預算有限，則非常推薦在午餐時段前來，同樣可以吃到美湯豚，而且只需要 3000 日圓（嚴選豬肉則要 2500 日圓），服務跟品質和晚上前來都是一樣。

瓢斗吃涮涮鍋是先用熱水把肉片煮熟來吃，然後再吃蔬菜。由於肉質上等，不用湯來煮已經很有肉味。吃的時候可先泡在加了九條大蔥的秘製湯汁，連同大蔥夾起來吃，豬肉鮮甜味突出又沒有肥膩的感覺。最後，把蕎麥麵加到熱水煮好，再配湯汁一起吃，對午餐來說份量也算多了。

官網　地圖

📍 河原町

① 嚴選豚肉品質已經很好，如果預算有限也可來試試最便宜的豚肉，2500 日圓 ② 肉片品質好，用清水來煮已經很美味 ③ 無限供應的九條大蔥，再加上店家秘製湯汁，用來吃豚肉片很搭 ④ 還有一大盤蔬菜，這是二人份量 ⑤ 最後還有蕎麥麵

🏠 京都市中京區山伏山町550-1 明倫ビル1階

🕐 午餐：11:30～14:00（最後點餐13:30）、晚餐：17:30～23:00（最後點餐22:00）；星期六、日及公眾假期午餐：11:30～15:00（最後點餐14:00）、晚餐：17:30～23:00（最後點餐22:00）

⌂ 年末年初

🌐 www.hyoto.jp/

🚃 阪急「烏丸」站24號出口步行約6分鐘／地下鐵「烏丸御池」站6號出口步行約10分鐘／搭巴士於「四条烏丸」站下車

京都特色住宿

京都成為了許多到日本觀光的首選之地，自然這裡的住宿門庭若市，如果說特色的住宿由京都開始興起也不為過了。在京都，可以找到百年町家改建的旅館和民宿，有便宜新穎的 Hostel 和膠囊旅館，也有服務一流注重客人私隱空間的極上旅館，還有設計花了很多心思的飯店，照顧到不同需求的旅人。

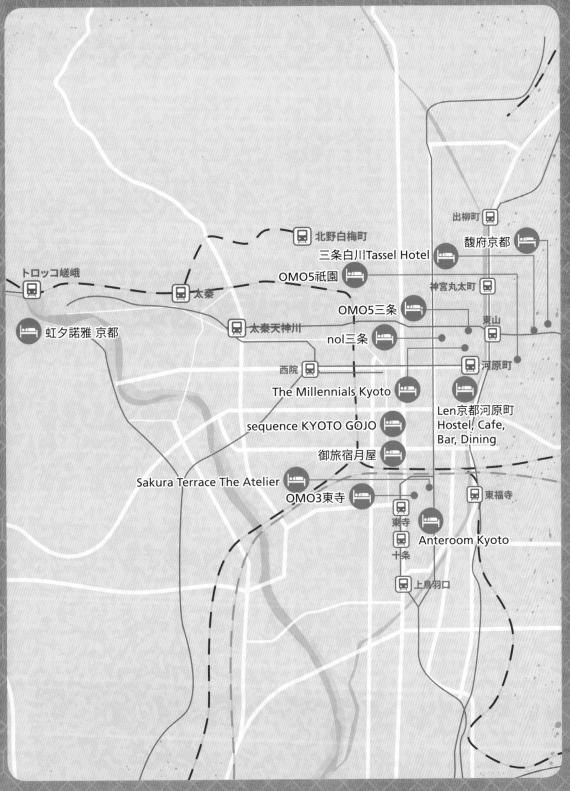

出柳町

三条白川Tassel Hotel

北野白梅町

馥府京都

OMO5祇園

神宮丸太町

トロッコ嵯峨

太秦

OMO5三条

東山

虹夕諾雅 京都

太秦天神川

nol三条

西院

河原町

The Millennials Kyoto

Len京都河原町
Hostel, Cafe,
Bar, Dining

sequence KYOTO GOJO

御旅宿月屋

Sakura Terrace The Atelier

東福寺

OMO3東寺

東寺

Anteroom Kyoto

十条

上鳥羽口

極上之宿

虹夕諾雅京都

官網　　　地圖

📍 嵐山

虹夕諾雅是星野集團旗下其中一個品牌，主打高級設計旅館，讓客人除了可以置身一個放鬆的空間外，更把日本的傳統文化帶給客人。虹夕諾雅京都位於嵐山，到達了嵐山公園後，附近就會看到乘船的碼頭，客人先在休息室內 check in，然後乘船進旅館。客人除了透過客房內各種由職人以傳統方法打造出來的傢俱外，更可以參加體驗課程，例如：佛學早課、聞香和花藝等，能更了解日本的傳統文化，這些活動在外面是比較難參加的，這裡就會為客人安排英語老師上課。

🏠 京都市西京區嵐山元 山町11-2

💼 53,052日圓起／雙人房，有提供早鳥折扣和連住優惠

🌐 www.hoshinoresorts.com/

🚇 JR「嵐山」站步行約15分鐘到碼頭／阪急「嵐山」站步行約10分鐘到碼頭

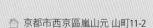

1 旅館利用了窗外的風景打造房間 2 check in 時的休息室 3 客人就是坐這艘船進入虹夕諾雅京都 4 客人可報名參加各項文化體驗（收費），圖為「聞香」活動

三条白川
Tassel Hotel

官網　　地圖

📍 河原町

　　Tassel Hotel 開在平安神宮附近的三条白川，飯店內部份房間還能看到平安神宮的大鳥居。雖然遠離了遊客區，但地鐵東山站近在咫尺，步行 1 分鐘就到地鐵站，附近也有巴士站，去哪裡都很方便。飯店的客房不多，房間也算寬敞，在電視機下及浴室均設有藍芽喇叭，可以邊泡澡邊享受音樂。飯店提供特色早餐，以京都的食材為主題，還可以喝到美山牛奶，早上就讓人感受到京都的氛圍。

🏠 京都府京都市東山區三条通白川橋西入大井手町103-3

💼 12,600日圓起／標準雙人房（含早餐）

🌐 tasselhotel.jp/kyoto-sanjo/

🚇 地下鐵「東山站」1號出口步行1分鐘，2號出口有升降機，步行3分鐘即達

1 Deluxe twin room 2 飯店提供簡單早餐，部份還是使用京都食材 3 早餐提供美山牛乳，是代表京都的牛奶

相信喜歡去日本旅行的人，都認識日本知名住宿品牌星野集團。以往提供高級住宿的星野集團，數年前開始另闢第4個住宿品牌：OMO。當中的OMO 3系列，以青年旅舍為概念，希望把旅館附近的事物與住客連結起來。他們一共提供3種房型，包括：單人房、雙人房及高級雙人房，照顧到單人旅客的需要。

OMO3也有提供不少活動，包括「京都御酒印之旅」、「國寶的清晨參拜」、「抄經台」等，讓住客可以深入體驗日本古都文化。

青年旅社
OMO3 東寺

官網

地圖

📍 京都車站周邊

©星野集團

©星野集團 ①

©星野集團 ②

©星野集團 ③

©星野集團 ④

🏠 京都府京都市南區西九條藏王町11-6 601-8414

💼 3500日圓起／人

🌐 hoshinoresorts.com/zh_tw/hotels/omo3kyototoji/

🚃 JR「京都站」八条口步行13分鐘／近鐵「東寺站」步行2分鐘／地鐵「九条站」4號出口步行10分鐘

1 單人客房的空間也不少 2 高級雙人房 3 早上可以參加旅館提供的導賞活動，深入遊覽京都 4 晚上的東寺，住在這裡可以輕鬆欣賞到東寺的不同景色（以上照片由星野集團提供）

百年町家民宿旅館
御旅宿月屋

官網　地圖

📍 京都車站周邊

🏠 京都市下京區新町通五条下る
　蛭子町139番地1

💼 4500日圓起／人

🌐 tsukiya-kyoto.com/

🚌 JR「京都」站步行約15分鐘／搭
　地鐵於「五条」站下車，6號出
　口有升降機，再步行約3分鐘

　　月屋的老闆上坂涼子小姐，本身已經有一間民宿名為錺屋，兩個住宿的分別就是錺屋以旅館形式出現，而月屋則是以背包客為對象。不過兩者的共通點，都是以老屋來改建。這裡由大正時代開始就已經存在，距今快接近 100 年的歷史。因為是以旅館模式運作，所以館內有提供毛巾、牙刷、睡衣等物品，而且早餐還是職員或是老闆每天親自煮好再送入你的房間。不過洗手間和浴室都是共用，由於全館只有 3 間客房，所以就算住滿了也不會太多人排隊等浴室。

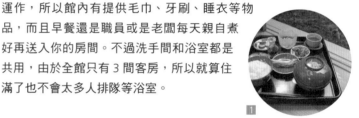

1 住客都可以享用由老闆或是職員每天親自製作的京式早餐 2 可以入住最多 3 人的和式房 3 這裡很多傢俱都是老闆從不同市集挑選回來，有些可能是古董 4 因為是旅館形式經營，所以也有提供睡衣和毛巾 5 這裡的 check in 時間到晚上 9 點，如果晚上才到記得要跟月屋說一聲

© 星野集團

OMO5 祇園

免費祇園晨間參拜

官網

地圖

📍 祇園

© 星野集團

© 星野集團

© 星野集團

© 星野集團

1 3 人客房 2 部份客房附有廚房，客人可以購買食材回來享用 3 只要付 1000 日圓，客人就可以親手製作隔天的麵包早餐 4 在京都買到的和菓子，可借用飯店的抹茶道具，享受日式茶點 5 跟著 OMO Ranger 一起在祇園晨間參拜（以上照片由星野集團提供）

OMO5 京都祇園於 2021 年開幕，八坂神社近在咫尺，是新手遊京都或者去看祇園祭的好選擇。他們提供多款客房，部份附有廚房，早上可以 DIY 吐司早餐，只要付 1000 日圓，飯店會為客人準備好麵包食材，前一晚放進麵包機，隔天早上就有新鮮的麵包早餐吃了。

此外，飯店也可以代客預訂附近 3 間人氣料理老店，外送到房間享用，就不用怕言語不通的問題！OMO5 京都祇園也有「祇園晨間參拜」給住客免費參加。他們提供多款客房，大部份都很適合 3 人或以上入住。此外，部份房型也附有廚房，大家可以從錦市場買食材回來烹調也不錯呢！

🏠 京都府京都市東山區四條通大和大路東入祇園町北側288

🛏 16,364日圓起／雙人房（含早餐）

🌐 hoshinoresorts.com/zh_tw/hotels/omo5kyotogion/

🚌 京阪本線「祇園四条站」7號出口步行5分鐘／阪急京都線「京都河原野站」1A或1B出口步行8分鐘／京都市巴士「祇園站」下車

設計型格青年旅舍

Len 京都河原町
Hostel, Cafe, Bar, Dining

官網　　　地圖

📍 河原町

1 地下室的 café 與酒吧，不是旅客也可以光顧 **2** 二人的獨立房 **3** Hostel 頂樓有廚房，可以供煮食 **4** 最大間的雙人房，照顧到不同旅客的需求，但全部都需共用浴室和洗手間

🏠 京都市下京區河原町通り松原下ル植松町709-3

💼 2800日圓起／人

🌐 backpackersjapan.co.jp/kyotohostel/

🚉 在JR「京都」站搭巴士於「河原町松原」站下車

Len 就是東京的 Nui 和 toco. 的姊妹店，他們本身在東京已做得相當有人氣，就算是男女混合的床位都很快爆滿。因為整幢旅館設計感很強，地下室又有 café 和酒吧，吸引了不少歐美客人入住。京都店是第 3 間分店，地理位置不錯，附近就有巴士站，步行前往河原町一帶也不遠，頂樓有廚房可以煮食，最適合背包客或者 Budget Traveler。

1

飯店活動多元
OMO5 三条

官網　　地圖

📍 河原町

OMO5 京都三条在 2021 年開幕，附近是地鐵九条站及近鐵東寺站，飯店位於高瀬川與三条通的交匯處，高瀬川在江戶時代是連接京都與大阪的重要河流。現在，高瀬川一帶是京都市內其中一個熱鬧的地方，餐廳林立，晚上不愁沒東西吃。

OMO5 京都三条提供 3 種客房：雙床房、雙人房、可最多住 3 人的高級客房及 4 人房。飯店提供了不少活動，例如「京町爛漫老字號店家散步」、「Go-KINJO」周邊地區散步及「京町爛漫河川散步」等，有了 OMO 的嚮導帶領，不會日語也可以深度遊京都！

2

3

4

5

1 旅館內的公共空間 OMO Base　2 雙床房　3 最多住 3 人的高級客房　4 半自助早餐，客人可以無限享用沙拉、優格、湯品和飲料　5 跟著 OMO Ranger 一起探索京都老舖（以上照片由星野集團提供）

🏠 京都府京都市中京區惠比須町 434-1

🛏 8000日圓起／雙人房

🌐 hoshinoresorts.com/zh_tw/hotels/omo5kyotosanjo/

🚌 地鐵「京都市役所前站」3號出口步行2分鐘／「京阪三条站」6號出口步行5分鐘

藝術風旅店
Anteroom Kyoto

官網 | 地圖

📍 京都車站周邊

Anteroom Kyoto 近來在京都相當有人氣，要訂房也不容易。這裡以藝術作為主題，把空間規劃出來讓不同的藝術家可以擺放作品，所以每次來到這裡，都會有不一樣的感覺。房間有普通設計的單、雙人房，也有由著名的藝術家、攝影師設計的特色房間，例如攝影師蜷川実花、雕刻家名和晃平等，加上房價平易近人，所以吸引了不少外國人入住。這裡的地理位置稍為不便，地鐵「九条」站下車，要到主要的觀光景點，比較方便是回到「京都」站搭巴士。

🏠 京都市南區東九条明田町7番

💼 7000日圓起

🌐 hotel-anteroom.com/

🚌 京都地下鐵「九条」站步行約4分鐘

1 蜷川実花的房間 2 「KYOTO ART HOSTEL kumagusuku」負責設計的房間 3 單人房空間很大，至少能打開行李箱 4 這裡會提供空間給不同的藝術家去展示自己的作品 5 這裡採取半自助形式，沙拉和飲品都可自己取用

1 2 @ 由 Anteroom Kyoto 提供

以前入住膠囊酒店，可能是為了省一點旅費，如果行李不多的話，又不介意睡在那像一個箱子的床上，這確實是一個不錯的選擇。膠囊酒店發展到今天，出現了革新的 First Cabin，而最近在京都，出現了一間十分年輕現代化的膠囊酒店 The Millennials Kyoto，不單使用 iPod 去控制房間的燈光及作進出的鑰匙，也提供十分舒適的大床及有足夠放置 29 吋行李箱的空間，再加上位置超方便，一開業就吸引了不少外國人入住。

高級膠囊酒店

The Millennials Kyoto

官網　　　　地圖

📍 河原町

1

2　　　　　　　　　　3

4　　　　5　　　　6

1 這裡有超大的公用區域，後面有一個共用工作空間，任何人在白天都可以租來工作用，住客則免費使用 **2** 大廳的另一邊是廚房，住客可以買東西回來煮食 **3** 這裡使用了超舒適的美國 Serta 床褥，部份房間更配有投影機，拉下門簾可以利用手機或電腦看電影 **4** 床下有置物空間，可以把一個 29 吋行李箱打開 **5** 每人入住都有一份盥洗用品 **6** iPod 可以控制房內燈光和床的升降，更能設定鬧鐘，時間到了就會把床升起，下面的鑰匙則是用來鎖上房間門簾

🏠 京都市中京區東山崎町235番

💴 2800日圓起，旺季會加價

🌐 the-millennials-kyoto-jp.book.direct/zh-tw/

🚇 京都地下鐵「九条」站步行約4分鐘

半 Hostel 式設計飯店
Sakura Terrace The Atelier

官網　　地圖

📍 京都車站周邊

Sakura Terrace 本身的基地就在京都，八条口一帶是據點，他們在 2016 年秋天，開了一家以 Hostel 為概念的新型飯店，以 Share Hotel 的理念經營。全館需要共用浴室及洗手間，房間內則設有洗臉台，可作簡單的梳洗。房間利用了床下的空間，就算大行李箱也放得下。房內似乎沒有工作空間，因為他們參考了 Hostel 的概念，在地下室設計了一個相當舒適的公用區域，除了提供足夠的桌椅之外，晚上更有多款的飲品：例如日式和西式茶、自己動手手沖咖啡等，讓住客晚上可以在這裡交流。

1 這裡的早餐採用半自助的形式，沙拉和飲料都可自由取用，主食相當大份 2 這裡有一些日用品可供外借，客人自行取用，用完後交回原位 3 雙人房，飯店善用床底下的空間來儲物 4 公用空間的設計相當舒適 5 晚上可以自己動手泡茶和泡咖啡，完全免費

🏠 京都市南區東九条北烏丸町1-1

💼 7000日圓起／雙人房，旺季會加價

🌐 www.sakuraterrace-atelier.jp/

🚌 京都站八条口步行約6分鐘

擁有風呂溫泉

馥府京都

官網　地圖

📍 銀閣寺・平安神宮
周邊

　「馥府京都／ FUFU Kyoto Japan」於 2021 年春天落成，鄰近日本庭園名勝無鄰菴和京都京瓷美術館，同時也靠近「日本國認定近代產業遺產」琵琶湖疏水，坐落寧靜致遠的京都南禪寺一帶，春秋兩季賞楓賞櫻的名所。所有房間均配備私人檜木製的半開放式風呂溫泉之餘，家具擺設也充滿了日本獨特的和風造型之美。

　「馥府京都」興建時，保留了傳承於此地的日式庭園和紅楓與青松，能邊欣賞眼前凜然的日式庭園邊用餐。在花草茂盛的優美庭園裡還有一座日式「別屋」，入夜後將會搖身一變成別有韻味的酒吧。賓客可以在小屋中飲酒作樂，欣賞藝妓翩翩起舞，感受京都獨有的文化體驗。

① ② ③ 客房私人風品　④ 客人能邊欣賞眼前凜然的日式庭園邊用餐

🏠 京都府京都市東山區三条通白
川橋西入大井手町103-3

💼 84,700日圓起／雙人（含早、晚
餐）

🌐 fufukyoto.jp/

🚃 地下鐵「蹴上站」出口步行7分
鐘／從永觀堂步行4分鐘

京町家改建
nol 三条

官網

地圖

📍 河原町

1 住客可以在指定時段內免費享用「金鵄正宗」的人氣清酒 **2** 客房的私人風呂都是使用檜葉木製造的浴桶（非溫泉） **3** Tsuboyu Superior 房間 **4** Hibaburo Deluxe 房間

　　2020 年開幕的 nol 三条座落於京都三條通，改造自日式傳統建築「京町家」，木造的房屋完美融入古色古香的京都。由於飯店的前身是清酒品牌「金鵄正宗」的店舖，只要入住飯店的旅客，均可在指定時段內免費享用這裡的人氣清酒，更有工作人員專門介紹。

　　整間飯店走高尚雅致的設計風，共有 3 款風格、48 個客房。3 款風格的客房分別是可住 2 人的「Tsuboyu Superior」、可住 1 至 4 人的「Tsuboniwa Suite」和「Hibaburo Deluxe」，後兩者的房型還有和室，為住客提供了廣闊的活動空間。所有客房的家具均選用格調高尚、經歲月洗鍊過的素材，配上檜葉木製造的浴桶或風呂和常用電器，如微波爐、洗衣機等，標準客房更設有廚房，務求為客人帶來在三條通最舒適的旅程。

🏠 京都府京都市中京區堺町通小路大阪材木町700號

💴 35,720日圓起／雙人（含早餐）

🌐 nolhotels.com/kyoto-sanjo/

🚇 地下鐵「烏丸御池站」5號出口步行5分鐘

飯店活動多元

sequence
KYOTO GOJO

官網　　地圖

📍 京都車站周邊

sequence KYOTO GOJO 座落京都中心的烏丸通，不論是前往清水寺、錦市場等熱門景點，或是到京都車站都十分便利，由京都市營地鐵「五條」出口，步行只需 2 分鐘就可到達！「sequence | KYOTO GOJO」有別於以往傳統的飯店，採用「面部辨識系統」及推行彈性入住時間，為客人帶來全新的體驗，而入住及退房時間分別延至下

午 2 點及 5 點。早餐時段「Anytime Breakfast」也與其他的傳統飯店不一樣，直至下午 2 點為止都可享用，大家可以晚一點起床。

　　這裡也會不時舉辦與京都相關的活動，例如以清酒為主題的「KIKIZAKE NIGHT」，或是可以一邊料理一邊試吃的「JAPANESE COOKING」等，配合各個季節舉行不同活動。飯店地下 1 樓的「THE BATH&THE SAUNA」分為 2 個區域，提供 2 種不一樣的沐浴體驗。「THE BATH」區內除了基本的大浴池之外，還有可用在岩盤浴的熱石，提供另一種放鬆身心的選擇。

1 雙床房 2 4 床房 3 大浴場

🏠 京都府京都市下京區五条烏丸町409號

💰 12,560日圓起／雙人（含早餐）

🌐 sequencehotels.com/kyoto-gojo/

🚃 京都市營地鐵「五条站」2號出口步行3分鐘／京都市營地鐵「四条站」6號出口步行5分鐘／阪急電鐵京都線「烏丸站」23號出口步行7分鐘

京都三大祭典

夏天的京都十分熱鬧，因為日本三大祭之一的祇園祭就在京都進行。不止如此，全年還有大大小小不同的祭典舉行，每逢有祭典舉辦，就會吸引了成千上萬的人來到京都，因為在這裡可以看到流傳上百年的傳統活動。觀賞這些祭典，最感到了不起，就是他們可以把一個已有過百年歷史的傳統活動，堅毅地傳承下去，沒有因為時代巨變，而把過程簡化，失去原有色彩，沒有淪為吸引遊客的工具。

　　日本有三大祭典，分別是神田祭、天神祭和祇園祭，當中京都佔了兩個，而祇園祭是國內外皆十分有名的大型祭典。祇園祭由平安時代開始，當時京都爆發瘟疫，由於醫學知識不足，因此人民只好向神明祈求。最初只是在八坂神社中舉行祈福消災的活動，到了平安時代中期就遂漸變得大型，也是祇園祭的原點。最初的祇園祭沒有特定的時間，直到天祿元年才固定在每年 6 月 14 日，到了近代才改為 7 月 14 日舉行。

　　整個祇園祭共有 23 座山鉾（花車）巡遊，有 3 座神轎是代表八坂神社，從 7 月 1 日就開始各種儀式，7 月 14 ～ 16 日舉行宵山，即傍晚在河原町一帶展示出為山鉾上的「駒形提灯」點燈，然後並列在街上，這是為 3 天後的巡遊做好準備。這 3 天河原町一帶人潮洶湧，很多女性都會穿上浴衣在街上穿梭。如果打算來看祇園祭，記得要提早多個月前訂好住宿。

祇園祭購買
觀覽席券官網

 祇園、河原町周邊

購買觀覽席券
京都市觀光協會

京都市中京區河原町通三条上ル恵比須町427京都朝日会館3階

9:00～17:00

www.kyokanko.or.jp

整個高潮在 7 月 17 日，巡遊由早上 9 點開始在四条烏丸起行，途經河原町一帶，最後會在地下鐵烏丸御池一帶完成。每年官方都會在網上公佈當天流程，想看的朋友就要早一點做好功課。整個巡遊當中，以山鉾轉彎時最為精彩，因為山鉾的車輪是木造的，而且由人手推動，所以不能自動轉彎，需要利用多人一起推動山鉾轉彎，驚險萬分，通常轉彎位置聚集了最多人，以阪急河原町一帶的人最多。

旅人手帖

祇園祭注意事項

1. 看祇園祭不用站在一個定點看，可以邊走邊看，由第一輪花車出發到最後一輪出發，大概要 1 小時的時間。

2. 如果想觀看山鉾轉彎，建議提早一點去轉彎位置，地圖可參考官網。

3. 7 月份的京都天氣非常炎熱，看祇園祭時記得備好足夠的水和防曬用品。

4. 如果有老人家同行去看祇園祭，建議購買觀覽席券，除了有座位以外，下雨時更會提供有遮蔽的座位。觀覽席通常設在山鉾起點附近。

時代祭在秋天舉行，每年的 10 月 22 日在平安神宮開始，這天也是「京都的誕生日」。這個祭典並不是為了向神明祈求消災解難，「時代祭」的意思原來是「朝代遊行」，由一支約 2000 人的隊伍穿上最近 1000 年的歷代服飾，然後托著神輿在市內巡遊。其實，時代祭是為了慶祝平安神宮的建成和平安遷都 1100 年而開始舉行，即從明治 28 年（西元 1895 年）開始，算是歷史較短的一個祭典。

當時舉行時代祭，是為了讓世人了解京都的歷史與文化，希望藉著祭典可以重演以前京都生活。在時代祭當天，20 組隊伍會按照京都作為首的 9 個年代去劃分：延曆時代、藤原時代、鎌倉時代、吉野時代、室町時代、桃山時代、安土時代、江戶時代和明治時代，從最古老、最遙遠的時代開始。隊伍所穿上的服飾都是經過嚴密的考證，把最真實的京都歷史面貌展現出來，有些人更是扮演著重要的歷史人物。

時代祭在 10 月 22 日上午 7 點開始（如遇下雨則順延 1 天舉行），9 點開始正式從平安神宮出發，約 10 點就會抵達京都御所。12 點再從京都御所建禮門出發，大概 2 點半隊伍就會回到平安神宮。

京都三大祭典

京都秋祭
時代祭

時代祭購買
觀覽席券官網

📍 平安神宮

購買觀覽席券
京都市觀光協會

🏠 京都市中京區河原町通三条上ル恵比須町427京都朝日会館3階

🕘 9:00～17:00

🌐 https://ja.kyoto.travel/event/major/jidai/

初夏京都祭典
葵祭

葵祭購買
觀覽席券官網

📍 叡山電鐵沿線

購買觀覽席券
京都市觀光協會

🏠 京都市中京區河原町通三条上ル惠比須町427京都朝日会館3階

🕐 9:00～17:00

🌐 https://ja.kyoto.travel/event/major/jidai/

　葵祭比祇園祭更早舉行，在每年的 5 月 15 日巡遊，而整個活動在 5 月 1 日於上賀茂神社和下鴨神社舉行，所以葵祭本來叫做「賀茂祭」，後來因為遊行隊伍使用葵花和葵葉裝飾，之後才稱為「葵祭」。

　葵祭的起源大概在 1400 年前的欽明天皇時代，當時發生過相當多的天災，如農作物收成不佳、疾病散布等，為了平息天災，當時則舉行祭祀鴨神（賀茂神）的祭典，這就是葵祭的起源，直到了平安時代，葵祭才定型下來。其實中間停了大約 200 年，直到 1694 年江戶時代才重新舉行，據說在那時才稱為「葵祭」。

　整個葵祭的遊行隊伍，可以分為兩個部份，一個是以男性勅使代為中心的列隊，勅使是從前天皇的隨從，他們會騎著馬，英姿煥發；另一個是以女性齋王為中心的列隊。其實整個葵祭在 5 月初已經開始，假如不能在 5 月 15 日觀看巡遊，可以在 5 月 3 日於下鴨神社觀賞「流鏑馬神事」、5 月 4 日於上賀茂神社觀賞「齋王代禊儀式」及 5 月 5 日在上賀茂神社觀賞「賀茂競馬」。

日本的春天大概在 3 月下旬就開始，而京都的櫻花一般會在 4 月上旬中綻放，這個時候的京都擠滿了賞櫻的人潮，飯店要提早兩個月才會訂到便宜的房間。

每年的櫻花
開花預測

❖ **哲學之道** 詳見 P219

● 銀閣寺

長達 20 公里的粉紅色櫻花散步道，兩旁種滿染井吉野櫻花。

❀ 4月上旬至中旬
🚌 搭100、102、203、204號巴士於「銀閣寺」站下車

● 山科區（近蹴上傾斜鐵道）

❖ **山科疏水**

這裡平日沒有太多人會來，但一到春天，櫻花和油菜花都同時綻放，吸引很多人前來觀賞。

● 清水寺、祇園周邊

❖ **円山公園（夜間）** 詳見 P150

円山公園本身就是賞櫻名所，許多人都會在櫻花樹下野餐，這裡更有晚間點燈，感覺跟白天很不一樣！

❀ 3月下旬至4月上旬
🚌 JR琵琶湖線、京都地下鐵「山科」站下車步行約10～15分鐘／京阪鐵道「京阪山科」站下車步行約10～15分鐘

❀ 3月下旬至4月上旬
🚌 搭100、206號巴士於「祇園」站下車，從八坂神社步行約5分鐘／從清水寺步行約15分鐘／京阪本線「祇園四条」站步行約10分鐘

❖ 半木之道

　　在河川旁種滿了櫻花樹，當櫻花季節一來到，這裡會變得十分壯觀！

✽ 3月下旬至4月上旬

🚌 地下鐵「北山」站下車步行約10分鐘／搭204、205號巴士在「植物園前」站下車步行約10分鐘

❖ 蹴上傾斜鐵道　詳見 P223

　　在一條荒廢許多的鐵道上，兩旁開滿了櫻花，遊人可以從路軌間賞櫻，是一個不錯的體驗！

✽ 3月下旬至4月上旬

🚌 地下鐵「蹴上」站下車步行約5分鐘

❖ 醍醐寺　📍 伏見區

　　醍醐寺入選過許多媒體舉辦的賞櫻名所排行榜 100 名以內，春天的時候就有絡繹不絕的人群前來朝聖。

✽ 3月下旬至4月上旬

🚌 地下鐵「醍醐」站下車步行約15分鐘（於賞櫻和賞楓季節時，或許在站前搭臨時巴士）

每年的 11 月初就是京都的楓紅季節的開始，一直到 12 月上旬為止。這個時候跟櫻花季節一樣，各方的人都會聚集在京都賞楓，有些平時十分幽靜的神社寺廟，在此時都會有人潮湧現。

❖ 東福寺 詳見 P130

📍 京都車站周邊

東福寺境內有多達 2000 棵楓樹，在通天橋上看紅葉是來到東福寺必做的事。

🍁 11月下旬至12月初

🚌 京都站搭88或208號巴士，於「東福寺」站下車步行約5分鐘／京阪電車於「京阪東福寺」站下車步行約10分鐘

📍 銀閣寺

❖ 南禪寺 詳見 P222

南禪寺的水路閣（疏水道）本來就是一個很有名的景點，一到秋天楓紅遍地，更是大家的賞楓熱門地點。

🍁 11月中旬至下旬

🚌 JR京都車站搭5號及100號巴士在「南禅寺永観堂道」或「東天王寺」站下車步行約1分鐘／地下鐵東西線「蹴上」站1號出口下車步行約10分鐘

📍 銀閣寺

❖ 永觀堂 詳見 P222

永觀堂在秋天時會開放晚間點燈，在晚上賞楓別有一番味道。

🍁 11月中旬至下旬

🚌 JR京都車站搭5號及100號巴士在「南禅寺永観堂道」或「東天王寺」下車步行約8分鐘／地下鐵東西線「蹴上」站下車步行約15分鐘

📍 叡山電鐵沿線

❖ 鞍馬寺 詳見 P275

　鞍馬寺在夏天可能會覺得只是一座寺廟，但秋天一到的楓紅遍野，是很多日本人都會慕名而來的賞楓名所之一。

🍁 11月中旬至下旬
🚌 搭叡山電車鞍馬線於「鞍馬」站下車

旅人手帖

　搭叡山電鐵上去貴船或鞍馬寺，秋天的時候就會遇上漂亮的紅葉隧道，隧道在二瀨和市原兩站之間，如果有展望列車，路經此地就更加震撼！

📍 叡山電鐵沿線

❖ 琉璃光院 詳見 P274

　每年只有對外開放 2 個月的琉璃光院，一到賞楓時候，大家不惜要排隊 1 小時，也要來觀看楓葉，因為這裡利用了窗外的景色再配合室內的環境，來營造出一幅如詩如畫的美景。

🍁 11月中旬至下旬
🚌 叡山電鐵「八瀨比叡山口」站步行約8分鐘

📍 嵐山

❖ 渡月橋 詳見 P240

　嵐山在春天是賞櫻勝地，來到秋季同樣也是賞楓名所。

🍁 11月下旬至12月初
🚌 從JR「嵐山」站步行約8分鐘

❖ 高雄

　　此「高雄」並非彼「高雄」，這裡是京都近郊的一個地方，同時也是賞楓名所，外國人未必認識，但很多日本人都知道，秋天時遊人絡繹不絕。前往高雄也很方便，在 JR 京都站前有巴士，車程大概 50 分鐘。秋天時節，漫山都是紅葉，景色十分震撼。在高雄賞楓，主要都是以高雄山為主，當中有三個重要地點，包括：神護寺、高山寺及西明寺。其中神護寺就是賞楓的核心，如果時間不多可以先來這裡。此外，在高雄也有溫泉旅館，館內可以一邊賞楓一邊泡溫泉，也能邊賞楓邊用餐。

🚌 JR「京都站前巴士站」搭 JR 巴士「山城高雄・槇ノ尾・栂ノ尾」，車程約 50 分鐘，京都市巴士一日乘車券也可以乘坐。

紅葉館別館　川之庵 もみぢ家別館川之庵

　「紅葉家別館　川之庵」位於「神護寺」附近，想離開人群好好休息一晚，不妨來高雄住一晚。館內共有 8 間客房，客房「時鳥」於 2022 年才開幕，客房外環繞著北山杉和四時花卉，環境非常幽美。旅館是合掌造建築，呈現出古色古香的氛圍，館內充滿原木的溫暖。秋天的時候，露天風呂都可以看到紅葉美景，邊泡湯邊賞楓又是另一番味道。

 客房「時鳥」的私人風呂 2 其他客房在秋天時也可以看到紅葉美景

官網　地圖

🏠 京都市右京區梅ヶ畑高雄

💼 時鳥61,600日圓起／雙人房（含早、晚餐）、其他客房34,000日圓起／雙人房（含早、晚餐）

🌐 momijiya.jp/

🚌 地鐵東西線「太秦天神川站」及「JR花園站」，有旅館接駁巴士

在京都買伴手禮是很頭痛的事，因為選擇太多，有老店的手工藝品，也有印上可愛京都傳統紋樣的生活雜貨，現在挑選了十大很有意思的京都伴手禮，大家可以跟著買喔！

❖ 御守

日本的神社或者寺廟都會販賣御守，是一種護身符，由神官或僧人向神明祈福，並把祝福帶到御守。御守的設計各家不同，有些地方更有可愛的卡通設計，或者季節限定款式。大家可以按照不同的需要來購買相應的御守，當然送給朋友也是最好的伴手禮。

* 本書內介紹的神社和寺廟，都可以買到御守

1 緣結の守是很受歡迎的種類，可以為你帶來好緣份 **2** 很多關於交通和健康都有御守，會以卡片的形式販賣，方便收藏於皮包內

❖ 七味粉　　📍 清水寺、祇園周邊

七味粉看似是很普通的香料，京都有幾家七味粉老店，每家店的材料也略有差異，跟我們一般在餐廳吃到的味道很截然不同。

茶包的設計很方便，而且設計成立體三角形，讓茶葉出來的味道更均勻

1 原了郭的黑七味是皇室御用七味粉（詳見 P120）**2** 七味家本舖在清水寺附近開業已有 300 多年歷史（詳見 P151）

❖ 祇園辻利綠茶　　📍 京都車站

京都宇治綠茶在日本國內是 No.1，來到京都當然不要錯過有百年歷史的祇園辻利綠茶！（詳見 P120）。

📍 河原町

❖ SOU SOU

SOU SOU 以製造足袋（腳底短布襪）而聞名，而他們所設計的圖案更是獨特，無論用在衣飾或是生活雜貨上都相當醒目（詳見 P198）。

1 足袋未必人人都可以接受，把圖案印在襪子上相當搶眼 **2** SOU SOU 近年也把圖樣用在文具上，是不錯的伴手禮！

❖ 有次

📍 河原町

有次販售料理常用的專業廚具，獲得了許多專業廚師的好評。他們除了品質很好之外，還有不錯的售後服務，很多外國人都會慕名而來買他們的產品回去（詳見 P191）。

❖ よーじや

📍 清水寺、祇園周邊

よーじや最有名的是吸油面紙，是很多藝妓都愛用的品牌。他們還推出了不同的護膚品，全部都是原創產品，很受女士歡迎！（詳見 P153）。

❖ 和風紙品

📍 河原町

京都的傳統圖樣真是太可愛了，和風紙品也是令人愛不釋手！位於新京極通的井和井，搜羅大量的和風產品，有多款獨特又可愛的紙品發售（詳見 P201）。

❖ 上羽繪惣

有 260 年歷史的上羽繪惣，利用天然的貝殼粉磨成「胡粉」，並且運用在指甲油上，沒有化學成份，透氣性又高，只用酒精就可以卸乾淨指甲油。

* 京都許多地方都買得到

❖ 茶の菓北山

📍 京都車站

烘烤香脆的抹茶餅，中間夾著抹茶白巧克力，一放進口中馬上就融化掉，因為不添加防腐劑，所以最多只可存放 15 天（詳見 P125）。

📍 清水寺、祇園周邊

❖ 生八ッ橋

生八ッ橋可說是京都最道地的和菓子，以米粉、砂糖和桂皮製成。最傳統的吃法是把皮拿來烘烤，到了明治時代便研發了生八ッ橋，皮變得QQ，而且還加入各種不同的餡料，馬上就變成熱門的伴手禮選擇（詳見 P152）。

CHAPTER 3

京都行程
全提案 KYOTO

京都車站周邊

京都車站是進入京都的大門，京都沒有機場，因此最便捷的方法，就是靠火車前往。京都車站經過翻新之後，現代化了許多，在車站附近更有很多體貼遊客的設施，周邊也有不少景點。假如你真的可以花在京都的時間不多，試試在京都車站附近遊玩，一樣能感受到京都的古老氛圍。

京都車站現在已歷經了四代，第一代於 1877 年開業，直至 1914 年，因為京都站的交通越趨頻繁，所以在原址改建成第二代車站大樓。二戰結束後，經濟發展迅速，因而在 1952 年需要重建成第三代京都車站。後來因為第三代車站大樓老化，加上外國遊客也激增，所以決定重建成第四代車站，即現時的車站大樓。1997 年 7 月 12 日京都車站落成，9 月 11 日正式全面啟用。

現在京都車站共有 33 個月台，JR 西日本有 4 條路線，還有 JR 東海的東海道新幹線、近鐵京都線及京都市營地下鐵烏丸線都會在此停站。而車站大樓有各式餐廳和商店，也連接 Porta 地下街和伊勢丹百貨，除了是交通樞紐，也是集休閒購物於一身的地方。

京都車站
京都駅ビル

官網

地圖

京都市下京區烏丸通塩小路高倉町8-3

www.kyoto-station-building.co.jp

京都車站巴士路線 🚌

A1 巴士站　5 號 → 平安神宮／銀閣寺

A2 巴士站　4、17、104 及 205 號 →
四条河原町／下鴨神社

A3 巴士站　206 號 → 四条大宮／千本通

B1 巴士站　9 號 → 二条城／上賀茂

B2 巴士站　50、101 號 →
二条城／北野天滿宮／金閣寺

B3 巴士站　205、快速 205 及 208 號 →
梅小路公園

C1 巴士站　205、快速 205、86、88、
101、103、104 及 105 號 →
西大路通／九条車庫

C2 巴士站　京都交通／丹海巴士

C3 巴士站　京都巴士 → 往大原方向

C4 巴士站　16、19、42、78、81、特 81、
南 5 及 105 →
東寺／久世／中書島

C5 巴士站　33、特 33、73 及 75 號 →
洛西／太秦映畫村

C6 巴士站　京都巴士／京阪巴士 →
往嵐山、比叡山方向

D1 巴士站　100、110 號 → 三十三間堂／
清水寺／平安神宮／銀閣寺

D2 巴士站　86、88、206 及 208 號 →
三十三間堂／清水寺／東福寺

D3 巴士站　26、8 號 → 妙心寺／嵐山／
大覺寺／銀閣寺

京都塔於 1964 年 12 月 28 日正式運作,由已故建築師山田守設計,京大的工學部建築學教室協助興建。整座京都塔樓高 131 公尺,和當時京都的人口數目相同。整個京都塔以海上燈塔作為主題,而沒有跟東京鐵塔一樣使用當時流行的鋼骨桁架結構,而採用了封閉式的設計,以厚度介於 12 至 22 厘米之間的特殊鋼板製作的圓筒熔接而成。在京都塔設計時,使用了比一般建築物高一倍的安全系數,正因為如此心思縝密的設計,京都塔歷經阪神大地震後仍然屹立不倒。

京都塔
京都タワー

官網　　地圖

🏠 京都市下京區烏丸通七条下ル東塩小路町721-1 ⏰ 10:30～21:00 💰 成人900日圓、高中生700日圓、中小學生600日圓、幼兒200日圓 🌐 www.kyoto-tower.co.jp 🚃 JR「京都」站中央口步行約2分鐘

　Kyoto Tower SANDO 位於京都塔的低樓層,其實就是京都塔專賣土產和餐飲的樓層,近來大肆的翻新,重新開業,1 樓引進大量人氣的品牌,是買伴手禮的地方。此外,現在在 B1F 也有多間平價的餐廳;2 樓則是體驗樓層,可以在這裡上一些體驗課程。

1 B1F 是餐飲 2 1 樓是伴手禮店家 3 2F 是體驗工房

Kyoto Tower SANDO

官網　　地圖

🏠 京都市下京區烏丸通七条下ル東塩小路町721-1 ⏰ 1F:10:00～21:00、2F:10:00～19:00、B1F:11:00～23:00 🌐 www.kyoto-tower-sando.jp/ 🚃 JR「京都」站中央口步行約2分鐘

京都中央郵便局

官網

地圖

🏠 京都市下京區東塩小路町843-12 ⏰ 平日9:00～19:00；星期六、日及公眾假期9:00～18:00 🌐 www.post.japanpost.jp/ 🚃 JR「京都」車站中央口步行約3分鐘

伊勢丹百貨

官網
地圖

🏠 京都市下京區烏丸通塩小路下ル東塩小路町 ⏰ 10:00～20:00 🌐 kyoto.wjr-isetan.co.jp/ 🚃 JR「京都」車站直達

京都中央郵便局就在京都車站旁邊，這裡有許多特色的明信片，也有不少京都郵便局限定的商品，是買伴手禮的不二之選。除此以外，這裡有行李寄放服務，方便旅客不用提著行李在街上穿梭，又或者可以先把行李寄到入住的飯店，這樣就能輕鬆的在京都市內觀光了。

🎁 推薦手信
名信片

1️⃣ 在郵便內的行李寄放櫃檯 2️⃣ 這裡有一些京都限定的明信片發售

伊勢丹百貨在京都車站上面，是日本老字號的百貨。京都車站樓高 13 層，高樓層有多間人氣餐廳進駐。此外，在地下兩層為 Food Market，有新鮮食品、麵包、熟食、酒和老店和菓子販賣，想吃水果可以到超市購買，相當方便。

🎁 推薦甜品 茶寮都路里

想吃到日本各地好吃又人氣的拉麵，來到京都拉麵小路就對了，位置就在 JR 京都車站的伊勢百貨十樓，這裡集結了日本全國 9 間著名的拉麵店。這 9 家店會不時更換，因此就算你已來過京都，隔一段時間再來也會有驚喜。這裡的拉麵店都各具特色，不知選哪一家的話，也可以參考門口的隊伍，哪家多人就去吃那一家吧！

近鐵名店街和 Asty Kyoto 是相連的，兩者都是以京都伴手禮店、和風雜貨、藥妝店和餐廳為主，讓人在離開京都以前都可以作最後的購物衝刺。這裡有許多大家喜歡的店舖，如 UNIQLO、松本清、吸油面紙よーじや和車站便當店，還有不少京都老店名舖分店，可以買個夠！

京都拉麵小路

官網　　　　地圖

⌂ 京都府京都市下京区東塩小路町伊勢丹百貨10F ⏱ 11:00～22:00 🌐 www.kyoto-ramen-koji.com/ 🚃 JR京都站2樓南北自由通路的「駅ビル南エレベータ」（車站大樓南升降機），直達10樓

Asty Kyoto
アスティ京都

官網　　　　地圖

⌂ 京都車站八条口 ⏱ 因各店而異 🌐 www.asty-kyoto.co.jp/asty_kyoto/ 🚃 JR「京都」車站八条口直達

🎁 Asty Kyoto 熱門店舖

❖ 祇園辻利

祇園辻利是一個很有名的抹茶品牌，他們的 café 茶寮都路里就在伊勢丹百貨中，想買到他們的抹茶產品，可以走到這裡來，款式相當齊全，店面小小但人沒有其他分店那麼多。

🏠 京都車站1樓 ⏰ 8:30～21:00（營業時間可能會調動，前往時請上網查詢）🌐 www.giontsujiri.co.jp/gion/store/kyoto station/ 🚃 JR「京都」車站八条口直達

官網

❖ カランフロン京都

這是伊と忠旗下的年輕品牌，伊と忠在 1895 年創業，本來是製作跟和服所搭配的鞋及提袋的老店。近來為了打開年輕人市場，推出了這個品牌カランフロン，把傳統紋樣加入和風小物雜貨上，是不錯的伴手禮。

🏠 京都車站1樓 ⏰ 9:00～21:00 🌐 kyoto-souvenir.co.jp/brand/karancolon/ 🚃 JR「京都」車站八条口直達

官網

可以自己挑選小包包的配飾

❖ 原了郭

原了郭是日本皇室御用的七味粉品牌，他們的招牌是「黑七味」，包括白芝麻、唐辛子、山椒、青海苔、芥子果實和黑芝麻等，味道跟一般的七味粉不一樣，帶濃濃的芝麻香氣，在烤魚或者炸物灑上一點，可以提升食材味道。這裡更有餐廳，他們的黑七味咖哩是招牌食物。

🏠 京都車站1樓 ⏰ 11:00～21:00（最後點餐時間20:30）🌐 www.hararyoukaku.co.jp/ 🚃 JR「京都」車站八条口直達

官網

地下街 Porta
地下街ポルタ

官網

地圖

Porta 地下街在京都車站地下，連結著京都地下鐵，寬敞明亮的地下街讓人逛起來相當舒服，也是下雨天最好的散步地方。除了有書店、服裝和藥妝店進駐之外，也有知名連鎖品牌，例如：無印良品、Fancl、靴下屋和 3 Coin 等等，算是可以在這裡集中買到大家喜歡的品牌。這裡更有美食街，有多間排隊店進駐，有快餐店也有日式料理，可以迎合不同的人的口味。

現在 THE CUBE 和 Porta 地下街合併，一如以往也是連接著車站，分成 4 層，包括了 11 樓的美食層、1 樓專賣京都和菓子、B1F 的特產街和 B2F 的潮流區域。這幾層一共有多達 200 間商店，有不少都是知名品牌，逛京都車站連接著的商場再加上地下街，都可以花上一整天。

🏠 京都市下京區烏丸通塩小路下ル東塩小路町902 🕙 10:00～22:00（因各店而異）🌐 www.porta.co.jp/ 🚃 JR「京都」車站直達

東洋亭

官網

地圖

　來京都大家一定都想吃到傳統的和式料理，就在京都車站地下街 Porta，有一家百年洋食老店東洋亭，店外經常都大排長龍，是一間連日本人來到京都會一試的洋食店。東洋亭的本店在北山，1897 年創業，這裡的「東洋亭ハンバーグステーキ」（東洋亭漢堡肉排）是招牌菜，大部份的人都會點這份餐來吃。漢堡肉排用錫箔紙包裹放在鑄鐵鍋裡煮熟，醬汁是秘製的牛骨醬汁，沾了醬的漢堡肉排吃起來非常美味。

🏠 京都市京都駅前ポルタ地下街

🕐 11:00～22:00

🌐 www.touyoutei.co.jp/

🚈 JR「京都」車站直達，Porta地下街

1 東洋亭漢堡肉排，單點是 1350 日圓 **2** 這裡的蕃茄前菜令人驚喜，夏天時會用北海道產，冬天時會用九州產的蕃茄，因此一年四季都吃得到香甜的蕃茄

「とんかつ」是「豬排」的意思，かつくら豬排是一間由京都發跡的炸豬排餐廳，本店則在三条，在京都塔和河原町寺町通都有分店。かつくら所選的豬都是經過「三元交配」，意思是由三種優質豬種混種而成，這種豬會得到三種優質豬的優點，取名為「銘柄豚」，是日本人對優質豬的稱呼，而かつくら所選用的是山形縣出產的「阿讚豚豚」和「平牧三元豚」。此外他們還會引進不同縣的名豬，所以在不同時間來都會有不同的限定炸豬排。

1 かつくら的飯是混合小麥，小麥可促進腸道健康，含豐富維他命，也有美容效果，而米飯用的是日本有名的越光米 **2** 自己研磨芝麻用來跟炸豬排伴著吃，香氣四溢

官網　地圖

🏠 京都市下京區烏丸通塩小路下ル京都駅ビルPorta 11F ⏰ 11:00～22:00（最後點餐時間21:30）🌐 www.katsukura.jp/ 🚌 JR「京都」車站中央口出

寿しのむさし是京都的老字號壽司店，1977 年在京都創業，已有 40 多年的歷史。他們以迴轉壽司為主，米飯是使用混合米，包括了播州和備前產的越光米、朝日米和あけぼの三種。他們不只有挑米講究，還會嚴格管理整個由種米到儲存和精米等程序，讓大家在口感和味道上可以吃到最美味的壽司米飯。此外，他們部份刺身都是從京都宮津漁港直接購入，在京都就可以吃到京都的新鮮漁獲。

官網　地圖

🏠 京都市下京區東塩小路高倉町 8-3 京都駅八条口構内アスティロード京都おもてなし小路 ⏰ 10:30～21:45（最後點餐21:30）🌐 sushinomusashi.com/ 🚌 JR京都站八条口直達

123

辻利

官網　地圖

🏠京都市下京區烏丸通七条下ル
東塩小路町721-11F ⏰10:30～
20:30 🌐www.kataoka.com/ 🚃JR
「京都」站中央口步行約2分鐘

伊藤久右衛門

官網　地圖

🏠京都市下京區烏丸通七条下
ル東塩小路町579 1F ⏰10:30～
18:30 🌐www.itohkyuemon.co.jp/
🚃JR「京都」站中央口對面，步行約
2分鐘

　　辻利跟祇園辻利名字相似，兩店曾經是同一源，1860年辻利右衛門跟三好德次郎兄弟一同創業經營，後來三好兄弟在台北市開設海外第一店，再回到京都，於祇園開店，也因為以祇園為主，就在名字前面加上祇園二字。而辻利在宇治發跡，一直都在宇治營業，兩店關係甚為密切。現在只要來到京都塔的1樓，就能買到辻利的綠茶產品，這裡還有café，可以吃完再慢慢選購。

　　伊藤久右衛門是來自宇治的綠茶老店，現在也不一定要跑到老遠的宇治，來到京都車站對面就可以買到他們的產品。京都站前店其實是位於松本旅館的樓下，店面小小但產品齊全。如果你的時間不多又想買到老店的抹茶產品，這裡是最方便的了。

北山的抹茶白巧克力餅，是人氣伴手禮。烘烤香脆的抹茶餅，中間夾著抹茶白巧克力，一放進口中馬上就融化掉，用來當下午茶的小茶點真的很不錯。不過，這種餅只可以存放15天，因此京都站店的營業，真的為大家帶來方便，可以在離開京都時再購買。此外，店家更推出了生茶之菓冰棒，當客人下單時，就把用生茶製作的冰棒馬上泡到濃茶醬中，讓人每一口都吃到濃郁的抹茶味道。

1 冰棒棍子是京都塔的設計 2 生茶之菓冰棒 250 日圓

東本願寺是現存於世界其中一組大型的木造建築，建於1602年，是淨土真宗教派真宗大谷派的本山，座落於京都市的下京區，正式的名稱為「真宗本廟」。在江戶時代，這裡曾四次遭大火燒毀，因此現時所看到的建築，其實是1895年所重建的，當時花了16年的時間和200萬人重建。

在東本願寺附近，還有另一座叫西本願寺，分成西東，原因為1592年第11代法主顯如去世後發生對立與紛爭，最後分成兩個教團，由於新建的寺院位於本願寺派本山的東面，所以就稱為「東本願寺」。

 旅人手帖

秋冬天來到東本願寺，除了冬天可以在寺內欣賞到金黃的銀杏樹，在11月中上旬，於東本願寺對面的公園，還能看到一整排紅葉呢！

茶の菓北山

 官網 地圖

京都市下京區烏丸通七條下る東塩小路町721番地1京都タワーサンド1F　10:00～21:00　www.malebranche.co.jp/products/yakigashi/chanoka/　JR「京都」站中央口對面，步行約2分鐘

東本願寺

 官網 地圖

京都市下京區烏丸通七條上る　3至10月5:50～17:30、11至2月6:20～16:30　免費　www.higashihonganji.or.jp/　JR「京都」站步行約10分鐘／地下鐵「五條」站步行約5分鐘／市巴士公車「烏丸七條」站下車步行約1分鐘

西本願寺

官網　地圖

　　西本願寺是淨土真宗本願寺派的總本山，建築風格屬於桃山文化，也因此獲列入世界文化遺產名錄，正式名為「本願寺」，因另一座本願寺的出現，才用東西去分別兩者。西本願寺和東本願寺其實是同源，所以兩寺的主要建築：御影堂和阿弥陀堂非常相似，甚至可說是近乎相同，只是左右位置剛好相反。寺內有不少著名的建築，例如有日本最古老能劇舞台「能舞台」；也有與金閣寺、銀閣寺並稱京都三名閣的飛雲閣，因此十分值得參觀。

西本願寺內有一棵具百年歷史的銀杏樹

 旅人手帖

　　不要錯過西本願寺內的每一處，因為都是利用了非凡的工藝創造出來。例如在寺內的唐門，雕刻刀法精緻璀璨，因此又有「日暮門」之稱，是伏見城留下來的建築，也是織田信長在全盛期所建的城堡。唐門上雕刻有 16 頭唐獅子，雕工細緻，靛青的獅身、金黃的鬃毛，非常華麗。門柱上雕有同樣精美的麒麟，據說日本麒麟啤酒商標的設計靈感就是來自唐門上的麒麟。

🏠 京都市下京區堀川通花屋町下る

🕐 5:30～17:00

💼 免費

🌐 www.hongwanji.or.jp

🚌 JR「京都」站步行約8分鐘／地下鐵「五条」站步行約6分鐘／市バス公車「西本願寺」站下車

日本鐵道迷
必去！

京都鐵道
博物館
京都鉄道博物館

官網　　　地圖

前身是梅小路蒸汽火車博物館和交通科學博物館部分展區的空間，現在合併成了新的京都景點：京都鐵道博物館。全館樓高三層，以「觀賞、接觸、體驗」為主題。一樓主要展示經典的列車型號，有些列車還會開放供人入內參觀，讓大家盡情拍照。另外，還有介紹各類火車資料的展示區，以及提供給小朋友體驗的互動小遊戲，讓他們更容易、更感興趣地去了解關於鐵道列車的知識。

二樓則是「體驗」的主要區域，其中「行駛模擬裝置」更是必玩的遊戲，採用抽籤制，一張入場券兌換一個抽籤名額。這個體驗區內設置了與駕駛員在實際訓練時所使用一樣規格的模擬裝置，可以體驗駕駛在來線或新幹線列車的快感與樂趣，非常過癮，只是體驗時間僅約10分鐘。即使是抽不中也不用灰心，因為在二樓還有「來搭上列車吧！」的模擬車站閘口的區域，以及「請列車安全地行駛吧！」的互動遊戲區等，可以自己選擇喜歡的列車型號，體驗一回當車長和乘客的滋味。

🏠 京都市下京區觀喜寺町

🕐 10:00～17:00（最後入館時間16:30）

🏠 逢星期三（國定假日照常開館）及12月30日、1月1日休息

💴 成人全票1500日圓、大學生與高中生1300日圓、國中生與小學生500日圓、3歲以上的兒童200日圓。如果有使用特定的交通套票，例如京都巴士一日乘車券等則可享折扣優惠。

🌐 www.kyotorailwaymuseum.jp/tc

🚌 JR「京都」站前B3巴士乘車處搭乘急行103號，在「梅小路公園・京都鐵道博物館前」站下車，步行即到／JR「京都」站前B3巴士乘車處搭乘205號，在「梅小路公園前」站下車，步行約3分鐘

三樓是天空露台，在這裡可以將世界遺產：東寺的五重塔和京都塔等京都獨有的景色盡收眼底，當然少不了還能看到行駛過京都車站的新幹線和在來線列車等景致，大家可以自在地尋找喜歡的角度，慢慢地去拍攝這些鐵道的日常景色。

在博物館後有一個擁有百年歷史的國家指定重要文化財產：扇形車庫，這裡所展示的全都是活躍於明治至昭和時代的蒸汽火車，十分經典。如果想搭這種充滿歷史感的蒸汽火車，還可以在旁邊找到蒸汽火車 Steam 號的月台，月台之下設有售票處，能另外購買乘車券體驗。

在離開之前，還會走過舊二条車站，即博物館的周邊精品店，這裡擺放了很多與鐵道有關的造型商品，就連之前500 TYPE EVA PROJECT 系列產品都能找到，更少不了京都鐵道博物館限定的周邊商品。

伏見稻荷是全國的稻荷神社之首，在奈良時期 711 年左右由伊侶具秦公奉命在伊奈利山（稻荷山）三峰設置，用以祭祀秦氏世代以來的守護神，也是農耕之神的稻荷神，並將神社命名為「伊奈利社」（「伊奈利」是日文中「稻生」的發音直接轉譯）。伏見稻荷大社主要供奉以宇迦之御魂大神為首的稻荷神，自古以來祂是守護商業與農業的神明，香火非常鼎盛，是京都地區數一數二的稻荷神。

這裡以千本鳥居聞名，鳥居是人與神的結界，代表神域的入口，所以一般會在參道之前建立一個鳥居。而稻荷神社的鳥居，全部統一用朱紅色，這種紅色介於紅色與橙色之間，古時朱紅色的顏料是非常珍貴，這種顏色看起來顯得莊嚴神聖，而又沒有鮮紅色般不俗套。

官網　　　地圖

1 電影《藝伎回憶錄》曾在此取景，讓更多歐美人士認識這裡 2 可愛的狐狸繪馬 3 一般神社用的守護神是狛犬，而這裡是用稻荷神的使者狐狸做守護神

旅人手帖

為何會有多達千個鳥居呢？

如果某些企業在神社祈福後，生意大好，他們就會敬獻一個鳥居。換言之，鳥居的多少，也是反映了神社的靈驗程度。京都伏見稻荷大社的鳥居是非常壯觀，從山腳排上山頂。而這些奉納的鳥居，現時為 175,000 日圓至 1,302,000 日圓不等。

京都市伏見區深草薮之內町68番地

全天開放

免費

nari.jp/c

JR奈良線「稻荷」站下車步行約1分鐘／京阪電車「伏見稻荷」站下車步行約5分鐘

東福寺

官網　地圖

🏠京都市東山區本町15-778 ⏰
4～10月9:00～16:00、11～12月第
一個星期日8:30～16:00、12月1日
星期一～3月9:00～15:30 🎫票價
因季節不同各異，請上官網查詢 🌐
www.tofukuji.jp 🚃在「京都」站搭
88或208號巴士，於「東福寺」站下
車步行約5分鐘／京阪電車於「東
福寺」站下車，步行約10分鐘

　　東福寺最初於 1236 年創建，佔地 24 萬平方公尺，是京都最大
及最重要的禪宗寺院。在秋天時，這裡是京都很知名的賞楓景點，
特別是寺中的通天橋，是全寺的紅葉焦點。之所以稱為東福寺，
原來是創始人希望這裡可以媲美奈良東大寺及興福寺的寺院，因
此以兩寺院的第一個字來命名。現在境內還保存著最古老的三門
及被稱為東司的廁所，也成了國寶及重要的文化財產。

東寺

官網　地圖

🏠京都市南區九条町1番地 ⏰
5:00～17:00 🎫五重塔800日圓、
觀智院500日圓 🌐www.toji.or.jp/
🚃JR「京都」站八条口步行約15分
鐘／搭巴士於「東寺」站下車步行
約1分鐘

　　東寺於 794 年建成，而其五重塔相當的聞名，那是現存木造古
塔中最高的。當年的桓武天皇將當時的首都「長岡京」遷到「平安
京」，為了鎮守平安京，就在平安京正門的東邊建東寺，而西邊則
建西寺。後來因為在平安時代末發生一場大火而把西寺燒毀，所以
就只剩下東寺。到了嵯峨天皇時，他把東寺賜給弘法大師，東寺不
再只是保護國家的寺院，而是進一步成了真言密教的根本道場。現
時，寺內共收藏了 81 件國寶、重要文化財多達 24000 件，更已獲
列入為世界文化遺產名錄。

秋天的東寺也
是賞楓名所

涉成園建於 1653 年，是東本願寺的別邸，也是用來讓歷代主持退休後居住的地方。「涉成園」這個名字是來自中國詩人陶淵明《歸去來辭》中的「園日涉以成趣，門雖設而常關。」意即「天天在園內散步自成樂趣」。園內有十三景，也是詩人賴山陽推薦的，包括：傍花閣、偶仙樓、侵雪橋、縮遠亭、回棹廊、五松塢、紫藤岸、丹楓溪、滴翠軒、臥龍堂（已毀）、印月池、漱枕居和雙海檻。

開化堂是家百年老店，明治 8 年創立，專門做茶筒，用來盛裝茶葉可免受潮的器皿。現在的老闆為了讓更多年輕人和外國人認識到他們的職人工藝，他想到咖啡豆也可以用茶筒來盛裝，因為要保存咖啡豆免受潮。開化堂的咖啡，用的是來自東京的中川ワニ珈琲，在日本是很知名的手沖咖啡豆。不喝咖啡的，可以點茶，這裡的玉露雁金是店員推薦的飲品。

1 這裡是手沖咖啡，沒有義式濃縮咖啡販售 2 Café 由一幢舊建築改建 3 他們至今仍堅持著必經的 130 多個細膩的步驟，親手打造每一個茶筒

涉成園

官網　　地圖

京都市下京區烏丸通七条上る ⏰ 11～2月9:00～16:00、3～10月9:00～17:00 🎫 500日圓 🌐 www.higashihonganji.or.jp/worship/shoseien/ 🚉 JR「京都」站步行約10分鐘／搭巴士於「烏丸七条」站下車步行約5分鐘

開化堂 café
開化堂カフェ

官網　　地圖

京都市河原町通七条上ル住吉町352 ⏰ 10:00～18:00（最後點餐時間 18:30）🚫 星期四 🌐 www.kaikado-cafe.jp/ 🚉 JR「京都」站步行約10分鐘

西本願寺

七条通

梅小路京都西

京都鐵道
博物館

西本願寺 ④

開化堂café ⑤

東洋亭 ⑦　⑥ Porta地下街

③ ①　京都車站

名代とんかつ かつくら

東寺

② 東寺

大宮通

秋天賞楓提案

京都鐵道博物館

④

⑦ 東洋亭

茶寮都路里 ⑤ ① 京都車站

名代とんかつ かつくら ③　⑥ Asty Kyoto

東

進階路線

伏見稲荷大社 ②

散步時間
約 30 分鐘

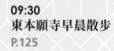
START

09:30
東本願寺早晨散步
P.125

步行

9:00
京都車站
P.115

18:00
名代とんかつ かつくら
P.123

步行約 3 分鐘

推薦原了郭
七味粉

購物

晚餐

17:00
伊勢丹百貨
P.118

15:00
茶寮都路里
P.43

推薦
祇園辻利綠茶

步行約 1 分鐘

下午茶

步行約 5 分鐘

11:00
Kyoto Tower SANDO
P.117

購物

步行約 10 分鐘

步行約 1 分鐘

10:15
京都塔
P.117

步行約 5 分鐘

午餐

12:00
東洋亭
P.122

14:30
京都中央郵便局
P.118

步行約 1 分鐘

購物

步行約 3 分鐘

13:00
Porta 地下街
P.121

進階路線

9:00
京都車站
P.115

START

JR 奈良線「稻荷」站下車
車程約 5 分鐘，出站後步行約 1 分鐘

或京阪電車「伏見稻荷」站下車
車程約 10 分鐘，出站後步行約 5 分鐘

9:30
伏見稻荷大社
P.129

JR 奈良線「京都」站下車
車程約 5 分鐘，步行至 Porta 11F

15:00
京都鐵道博物館
P.127

JR「京都」站前 B3 巴士乘車處搭乘急行 103 號
在「梅小路公園 · 京都鐵道博物館前」站下車
車程約 10 分鐘，出站後步行即到

或 205 號巴士，在「梅小路公園前」站下車
車程約 10 分鐘，再步行約 3 分鐘

午餐

13:30
名代とんかつかつくら
P.123

搭 103 號或 205 號巴士
車程約 10 分鐘，於 JR「京都站」下車

下午茶

17:30
茶寮都路里
P.43

步行約 2 分鐘

購物

18:30
Asty Kyoto 買伴手禮
P.119

步行約 5 分鐘

19:30
東洋亭
P.122

晚餐

9:30
東寺賞楓
P.130

JR「京都」站八条口步行約 15 分鐘

或在 C4 巴士站搭巴士於「東寺」站下車
車程約 10 分鐘，再步行 1 分鐘

START

9:00
京都車站
P.115

步行或搭巴士回 JR「京都」站
中央口出 Porta 11F

晚餐

午餐

18:30
東洋亭
P.122

13:30
名代とんかつかつくら
P.123

步行約 6 分鐘

17:30
地下街 Porta
P.121

步行約 10 分鐘

Porta

購物

下午茶

步行約 15 分鐘

步行約 16 分鐘

15:00
西本願寺散步
P.126

16:00
開化堂 café
P.131

清水寺・祇園周邊

清水寺和祇園都是旅客去京都必造訪的地方，從京都車站出發，坐巴士 100 號與 206 號，在五条坂和清水道下車就可以前往清水寺。在清水寺附近的二寧坂、產寧坂、高台寺和寧寧之道都可以感受到京都古色古香的氛圍，建議大家早一點起床避開人潮前往。

從清水寺慢慢散步大概 20 分鐘就會到祇園一帶，先從八坂神社開始走，再到花見小路體驗一下京都老街的氣息，這樣就可以玩一天了。當然，也可以從京都車站直接去，只要搭乘 206 號巴士就能抵達祇園。

清水寺
清水寺

清水寺建於寶龜9年前後，即公元778年，由延鎮上人起造。清水寺山名為「音羽山」，主要供奉千手觀音。清水寺的本堂舞台，又名「清水舞台」，也是最為人所熟悉。本堂於1994年獲列入世界文化遺產名錄，而大殿前懸空的部份就是「清水舞台」。舞台聳立於陡峭的懸崖上，站在舞台上可以遠眺京都市中心及山景。為什麼稱為舞台？原因是以前當作在菩薩面前表演舞樂之用。現在這裡可以感受到四時景色的變化，以春櫻、秋葉最多人前來觀賞。

於清水寺內，有一處清泉名為「音羽の滝」，而「清水」之名就是從此清泉而來。清水寺佔地達13萬平方公尺，由慈恩大師創建，相傳這位慈恩大師是唐僧第一位日本弟子。因為清水寺多次遭大火摧毀，現在看到的外觀，其實是1631年（江戶時代）重修後的樣貌。

官網

地圖

🏠 京都市東山區清水1

🕐 6:00～18:00（關門時間隨四季而變更，如遇有夜間參拜時間，會在17:30關門，而夜間參拜的開放時間為18:30～21:30。夜間參拜會於春天櫻花季節、夏天8月及秋天賞楓季節開放。建議出發前到網頁查詢最新開放時間）

💰 成人400日圓、中小學生200日圓

🌐 www.kiyomizudera.or.jp

🚌 在京都車站前巴士總站或京阪電鐵「七条站」出發，搭巴士206或100號，於「五条坂」站下車，步行約15分鐘／在京阪電鐵「祇園四条」站出發，搭京阪巴士83、85、87、88號，於「五条坂」站下車，步行約15分鐘

清水寺正門：仁王門

　　仁王門是日本寺院中代表正門的建築，又叫做「山門」。這裡曾經在應仁之亂中被燒毀，於 15 世紀後期再重建，到了 2003 年再次修復。仁王門寬 10 公尺、深 5 公尺、高 14 公尺，是室町時代的建築。在門的左右兩旁內置有兩尊守護神，分別是右邊開口的「阿形」為「那羅延金剛力士」，而左邊閉口的「吽形」為「密密迹金剛力士」。門前樓梯有一對狛犬守護也相當特別，因為一般狛犬是一隻開口一隻閉口，而這裡卻都是張開大口，據說這是象徵福氣。

音羽の滝

　　清水寺的名字由來，就是來自音羽の滝。日文的「滝」是瀑布的意思，而這個小瀑布的水數千年以來從音羽山流出，流水很清徹，而且終年不斷。因此，也有人稱為「金色之水」或者是「延命之水」，後來獲列入為「日本十大名水之首」。寺方找來了學者考證及專家化驗，泉水是來自地下 1000 公尺的東山斷層，並且可以飲用。

　　這道瀑布後來被截成三部份，左邊的是學問成就之水，中間的是戀愛成就之水，右邊的是延命之水。但不能貪心把三道水都喝下去，否則願望會變薄了。

地主神社

地主神社是許多女生的必到之處，因為這裡供奉掌管姻緣的大國主命及其他關於姻緣的神明，以祈求姻緣而聞名。走過清水寺本堂之後，就會來到地主神社。

而現在看到的地主神社跟清水寺曾在 1633 年一併重修，本來就是屬於清水寺管轄，也是清水寺的鎮守社。在明治維新後，神佛分離令的頒佈，神社和寺廟必須獨立，但至今地主神社也一同列為「重要文化財」及「世界文化遺產」，即是確立為清水寺的一部份，是一個例外。

旅人手帖

神佛分離令

日本古時是神佛合一，所以大家看到清水寺，寺廟和地主神社是放在一起的。明治元年（1868 年）前後發生一些關於佛教的負面事件，令日本佛教開始衰退，同時日本政府頒布了「神佛分離令」，禁止天皇所遵從的神道與佛教混合。後來民眾對於這項命令有所誤解，導致大量佛寺被摧毀，僧侶也被迫還俗。相反，神官的地位提升，形成神道國教主義。

戀愛之石 恋占いの石

在地主神社內有兩塊戀占之石，據說，只要你閉上眼睛，想著喜歡的人，從這一塊石頭走到另一塊，如果成功的摸到另一塊石頭，就會夢想成真。這塊戀愛之石在日本一些古書中也有記載，近年有考古學者引證了這兩塊石頭是繩文時代的東西，即是日本建國以前就有了。

二寧坂

產寧坂

🚌 在京都車站前巴士總站或京阪電鐵「七条」站出發，搭巴士206或100號，於「清水坂」站下車，步行約10分鐘

🚌 在京都車站前巴士總站或京阪電鐵「七条」站出發，搭巴士206或100號，於「清水坂」站下車，步行約10分鐘

「坂」是中文的「坡」，意思是斜坡，日本人稱斜坡的位置為「XX坂」。二寧坂又稱二年坂，是從三年坂延續至高台寺的路，二寧坂大約見於大同二寧（807年），這條石坂小坡長約2百公尺，兩旁都是大正時代建造的房子，現在走起來相當古色古香。兩旁的店舖都是手工藝店和餐廳，很多來到清水寺的人都會造訪二寧坂，可以在這裡感受一下古都的氣氛。

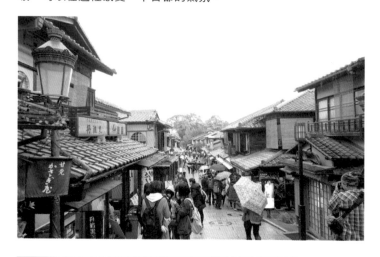

產寧坂是清水寺附近另一條很多人會走的斜坡，大約於大同三年（808年）就有，共有46階，是連接二寧坂與清水坂的石坂道，兩旁大都是江戶時代所建的町屋木造房屋。這裡在古時是通往子安塔的參道，子安塔是專門祈求婦女平安生子的地方，因此，又稱為「產寧」坂，加上和日本「三年」的發音相近，所以得此別名。

 旅人手帖

　　古時有一個關於三年坂的傳聞，因為這裡的石階陡峭，所以有人說「如果在三年坂跌倒，則三年內必死」的傳聞，特別是在江戶時訛傳得甚為嚴重。

八坂之塔
八坂の塔

地圖

　　八坂之塔是一座五重塔，在江戶時代的旅遊書都有介紹這裡，現時遊客只可以進入最低的兩層。相傳八坂之塔是聖德太子在夢見觀音後所建，約有 1500 年歷史，初時為「四天王寺式」伽藍，隸屬臨濟宗建仁寺派禪寺。八坂之塔有 5 層，寬 6 公尺、高 46 公尺，是白鳳時代的建築風格。不幸地，寺廟之後多次遭祝融之災，於 1440 年由室町幕府將軍足利義教大規模重修，可惜之後仍繼續遭戰火攻擊，最後剩下現在的八坂之塔。

京都市東山區清水八坂上町388
10:00～16:00　500日圓　在京都車站前巴士總站或京阪電鐵「七条」站出發，搭巴士206或100號，於「清水坂」下車，步行約5分鐘

高台寺

官網

地圖

　　高台寺跟豐臣秀吉有關，因為這裡是他的夫人「北政所寧寧」（ねね）晚年時安養的地方。高台寺建於慶長 10 年（1605 年），入面的開山堂、傘亭、靈屋及時雨亭等等，都已列入為國寶級古蹟。現在的高台寺在春秋時的遊人非常多，因為這裡是賞楓和賞櫻名所，更會有晚間點燈活動，營造出特別的情調。

🏠京都市東山區高台寺下河原町526 🕘9:00～17:30 💰成人600日圓、初高中生250日圓 🌐www.kodaiji.com 🚌在京都車站前巴士總站或京阪電鐵「七条」站出發，搭巴士206或100號，於「清水坂」站下車，步行約6分鐘

高台寺是賞櫻名所

據說豐臣秀吉的夫人北政所寧寧的晚年，就是住在圓德院中，因此吸引好多人來此尋幽探秘。圓德院中的「北庭」，是由伏見城北政所前庭所移築過來的池泉迴遊式庭園。現時所看到的，就是由小泉遠州改為枯池泉座庭園，用假山巨石、石橋和枯池等營造出枯山水的景致。

秋天的圓德院

官網　　　　　地圖

🏠 京都市東山區高台寺下河原町530 🕙 10:00～17:00 🎟 成人500日圓、中高中生200日圓、高台寺&圓德院&掌美術館三處共同拜觀券900日圓 🌐 www.kodaiji.com/entoku-in 🚌 在京都車站前巴士總站或京阪電鐵「七条站」出發，搭巴士206或100號，於「清水坂」站下車，步行約6分鐘

走到庚申堂總是被色彩繽紛的布猴子所吸引，那些叫做「くくり猿」（束猿，日本人稱猴子做「猿」），只要在上面寫上願望掛在菩薩像前，據說就可以實現願望了。「庚申」即是代表猴年的天干地支，為什麼會用「猿」呢？原來日文猿的發音是「SARU さる」，與動詞的「去る」音相近，而這裡有「遠離和去除」的意思。其實庚申堂的本名是「大黑山延命院金剛寺」，據說是建於平安時代。

據說在布猴子上寫上願望會實現

官網　　　　　地圖

🏠 京都市東山區金園町390 🕙 9:00～16:00 🌐 www.yasakakousinndou.sakura.ne.jp/ 🚌 在京都車站前巴士總站或京阪電鐵「七条」站出發，搭巴士206或100號，於「清水坂」站下車，步行5分鐘／在京都車站八条口前搭巴士207號於「東山安井」站下車，步行約5分鐘

八坂神社

| 官網 | 地圖 |

 京都市東山區祇園町北側625
番地

全天開放

web.kyoto-inet.or.jp/org/
yasaka/

搭100號、206號巴士，或任何
途經「祇園」的巴士，於「祇
園」站下車，步行約3分鐘／
可從清水寺附近的二寧坂步行
到底，從高台寺前往八坂神
社，步行時間約20分鐘

祇園的八坂神社是全日本三千座八坂神社的總本社，稱為祇園さ
ん，香火十分鼎盛。八坂神社建於656年，即平安建都前約150
年，距今已有1300多年的歷史。在神社中有15棵樟木樹，其中
有4棵估計樹齡有650年以上，整個範圍都甚有歷史價值。這裡
供奉了「素戔嗚尊」、「櫛稻田姬命」及「八柱御子神」等神明。
據說從前的人認為八坂神社的神明可保生意興隆、消災解厄，因
此也是從古至今許多藝妓會來參拜的地方。

1 本殿是參照佛寺的屋頂設計，利用一個屋頂幅蓋整個神殿及拜殿兩個建築，靈感
就是來自中國「歇山式」設計（可參考清水寺部份），也為當時創造出一種新的神社
建築風格，後來稱為「祇園造」 2 大部份的人以為這朱紅色的「西樓門」是八坂
神社的正門，其實這是側門 3 在八坂神社中有許多特別的小神社，而美御前社就是其
中之一，據說用這裡的美容水拍在臉上會有美容效果。

  旅人手帖

關於參拜

五円硬幣

在祈願時，日本人相信用五円投進賽
錢箱是最好的，因為五円跟日文「結
緣」的發音相同，寓意跟神明結緣。

御守お守り

御守就是我們說的類似護身符的東西，小袋裡有一張向神明祈求過的符文。一般御守分別會有：疾厄（健康）、交通、安產、學業、良緣、勝守（祈求生意或比賽上取勝）等等，這些都是常見的。御守的有效期為 1 年，一般日本人會在年末把御守拿去神社或寺廟處理（任何一間都可以），如果不能拿回去，可自行在家中拿出袋裡的符文燒掉。

八坂神社一款春天時的季節御守

求籤

很多人去到神社或寺廟都會求籤，求籤過程十分簡單，有些地方甚至只需要從一堆籤中抽一張就可以了。籤文的處理有兩種說法：

1. 無論求得什麼籤文，看完後都得要綁到樹上或籤文架上許願。
2. 求得籤文不好的籤時，才把籤文綁上。至於用什麼方法，就看個人了。

1 先選一個籤筒

2 一邊搖籤筒一邊想著願望，隨心搖到自己覺得可以時，就輕輕搖到讓籤號出來

3 再將籤號告訴神職人員，就可獲得一張籤文

4 如果求到了不太好的籤，可以把籤綁到樹上，神官每隔一段日子就會為這些籤祈福

八坂神社的「七不思議」

1. **西樓門**：據說朱紅色的西樓門不會結蜘蛛網，即使下雨也不會有雨水的痕跡。

2. **龍穴**：傳說正殿下面有個叫「龍穴」的深井，東方的蒼龍居於此，通到神泉苑、東寺及龍宮。

3. **龍吼**：在正殿入口，由東邊的柱子向西邊拍手會有迴響。相傳是因為畫在天花板上的龍正在低嘯。

4. **美容水**：位於正殿東邊的「美容水」是「美御前社」前面的泉水。據說只要將泉水在臉上灑 2、3 滴，除了可使皮膚健康，連個性也可以變得美麗。

5. **忠盛燈籠**：「舞殿」東邊有個名為「忠盛燈籠」的舊燈籠。據說在日本永久年間，正當白河法皇和平忠盛前往祇園途中，在附近看到前方似乎有鬼，於是就去探個究竟。當平忠盛活擒對方之後，發現其實只是老和尚在點燈，原來老和尚的雨傘在燈光下被誤看成銀針。

6. **二見岩**：位於大神宮社內的「內宮」及「外宮」之間的岩石稱為「二見岩」。據說這個岩石的根很深，可達到地球中心。

7. **夜啼石**：據說到了夜晚位於神社東北方「日吉社」正前方的大樹旁，會聽哭泣的聲音。

知恩院

官網

地圖

知恩院於 1619 年建成，供奉了法然上人，屬於日本淨宗鎮西派的總本山，是這個宗派最高格寺廟，也是日本數一數二大規模的寺院。知恩院有一扇日本最大的木造三門，當年建造這門的工頭「五味金右衛門」，在完成後因為造門的費用太高，他倆夫婦要負起責任繼而自殺。後來為紀念他們，就將收藏他們木像的白木棺放在門的二樓中，而這三門現已列為國寶級文物。而這三門有三道入口，象徵了「三解脫門」，意即「空、無相、無願，通至涅槃」。

知恩院裡有一座重達 70 噸的青銅大鐘，每年 12 月 31 日，需要動用 17 人才能敲響 108 響「除夜之鐘」，是東山區最具代表性的除夜之鐘聲。

旅人手帖

知恩院七不思議

1. 忘記傘：據說建寺時，有位工人將雨傘放在大殿御影堂正面東側屋樑，最後忘記拿走。

2. 三面貓：在大方丈走廊的杉木板上有一幅貓畫，從不同角度看，貓的雙眼都在看你。

3. 白木棺：三門的 2 樓，藏有參與工程的工頭夫婦的木像。

4. 瓜生石：位置在黑門附近，傳說這顆石頭會開花結果並生出黃瓜。

5. 大杓子：在大方丈走廊的屋樑上，放了一個據說長 2.5 公尺、重 30 公斤的大杓子。

6. 逃脫雀：據說在大方丈中有一個名叫「菊之間」的房間紙門上，上面的麻雀畫得太逼真，看起來像麻雀飛走了，只留下畫痕。

7. 鶯飛走廊：由大殿通往大小方丈之間的長廊，每走一步地板就會發出如黃鶯鳴啼的聲音。

🏠 京都市東山區林下町400

⏰ 每月時間不同，請上網查詢

🎫 友禪苑成人300日圓、兒童150日圓；方丈庭園成人400日圓、兒童200日圓；共通券成人500日圓、兒童250日圓；御影堂免費

🌐 www.chion-in.or.jp

🚌 搭206號巴士，或任何途經「祇園」的巴士，於「知恩院前」站下車，步行5分鐘／可從八坂神社走過去，約15分鐘

花見小路

地圖

花見小路雖不算大規模的範圍，但這裡是日本很具名氣的花街，也是祇園藝妓文化的發源地。花街全盛時期，單是茶屋就多達 700 間，舞妓、藝妓的人數接近 3 千人。縱使昔日繁華的街道已不復見，不過遊客想感受一下這氣息，還是推薦來這裡走一圈，幸運的話會碰到藝妓的身影。不過，謹記要尊重她們，不可追著她們拍照，也不能未經同意而拍下她們的正面。現在，花見小路兩旁仍是充滿古典氣息的木造建築，有不少高級料理亭，不過很多料理亭只做熟客生意，對於遊客來說就有點困難。

旅人手帖

關於藝妓

很多人對於藝妓都有誤解，以為是提供性服務妓女的意思。「藝妓」（げいぎ，Geigi）一詞來自漢語，或作「藝伎」（日語中的「伎」專指男性表演者，只是後來避免令人聯想妓女而改用此寫法）。這種工作的女子都是精通琴棋書畫，也知書識禮，所以，在日本藝妓的社會地位相當高，現在已成為一種代表日本的傳統文化。

日本各地對藝妓的稱呼也有不同，東京等關東地區稱為「芸者」（げいしゃ，Geisha），見習時稱為「半玉」或「雛妓」；京都關西地區，則稱為「芸妓」或「芸子」，見習時稱為「舞妓」或「舞子」。藝妓的衣服十分華麗，她們都會用最上乘的材料做衣服，價格至少 50 萬日圓，要穿上一套衣服，需要幾個人協助。藝妓的打扮也是焦點，她們會將頸項外露，後面跟臉一樣會塗上白色的化妝品，因為日本男人認為後背是性感的標誌。

相片中左邊的是「舞妓」，右邊的是「藝妓」。從衣著打扮可以分辨出來，「舞妓」的衣領是紅色有花，髮型用真髮梳的因此髮線自然；「藝妓」的頭飾和衣服相對地沒有那麼華麗，衣領是白色，髮型是假髮，因此髮線極不自然。

京都市東山區祇園町

從八坂神社西門樓直行沿四条通走約7分鐘即到

建仁寺

官網

地圖

🏠 京都市東山區和大路通四條下ル小松町591 🕐 10:00～16:30 📅 12月28～31日 💰 成人600日圓、中高中生300日圓、小學生200日圓、小學生以下免費 🌐 www.kenninji.jp 🚌 在京都車站前巴士總站或京阪電鐵「七条」站出發，搭巴士206或100號，於「清水坂」站下車，步行約5分鐘

官網

地圖

円山公園

🏠 京都市東山區円山町463 🕐 全天開放 🌐 kyoto-maruyama-park.jp/ 🚌 於京都車站前巴士總站或京阪電鐵「七条」站出發，搭巴士206號，於「祇園」站下車，步行約3分鐘

建仁寺建於建仁 2 年（1202 年），是屬於日本禪宗臨濟宗，也是日本最古老的禪寺。境內建築構造也匠心獨運，迦藍的配置從勅使門、佛殿、三門、本坊、方丈等都在同一直線上。寺內除了枯山水知名的方丈庭園外，名畫師俵屋宗達的「風神雷神圖屏風」和法堂大天井的「大雙龍圖」也值得欣賞。

円山公園是京都市最古老的公園，建於明治 19 年（1886 年），於 1893 年利用疏水道的水，製造出葫蘆池與噴泉，直到 1914 年，由第七代小川治兵衛完成正統的回遊式庭園至今。本來円山公園內有很多寺廟，但全都被燒毀。現在，公園的北口可以通往知恩院，而大門可直達八坂神社，因此這裡是從清水寺散步到祇園一帶的好地方。春天時更是賞櫻名所，園內有多達 600 株櫻花樹，每年都吸引不少人前往賞花。

1️⃣ 円山公園是賞櫻名所 2️⃣ 公園內聳立了坂本龍馬和中岡慎太郎的雕像

七味家本舖

官網　　　　　　地圖

　　七味家本舖創業於 1655 ～ 1659 年間，距今已有 350 年歷史，前身的店名是「河內屋」，本來是為前往音羽之滝修行的僧人提供一種暖身用的「辣湯」，辣湯的材料就是七味粉的前身，直至 1817 年才易名為現在的「七味家本舖」。這裡七味粉的紫蘇葉味道很重，原來加入紫蘇是關西的配方，還有青海苔和白芝麻，和關東的很不同。

 旅人手帖

七味粉

　　七味粉是一種以辣椒為主要材料的調味料，日本人稱辣椒為「唐辛子」，再將數種香料混合而成，所以又稱為「七味唐辛子」，而江戶時代也曾經稱為「七色唐辛子」。其實，每家店舖都有其獨特的配方，而一般都會有芥子、陳皮、芝麻、山椒、火麻仁、紫蘇、海苔、生薑和菜種等。

1 可以選擇不同設計的容器盛裝七味粉 2 葫蘆形狀的竹罐是很受歡迎的伴手禮

伴手禮
推薦

🏠 京都市東山區清水2-221

🕐 9:00～18:00

🌐 www.shichimiya.co.jp

🚌 從清水寺仁王門步行約3分鐘

本家西尾八ッ橋

官網　　地圖

🏠 京都市東山區清水2-240-2 ⏰
8:00～17:00 🌐 www.8284.co.jp
🚌 從清水寺仁王門步行約3分鐘

岡本

官網　　地圖

🏠 京都市東山區清水2丁目237-
1-1 ⏰ 9:00～19:00 🌐 www.
okamoto-kimono.com/tw/（中文
網頁）🚌 在京都車站前巴士總站，
搭巴士206或100號於「五条坂」站
下車，步行約8分鐘／在京阪電鐵
「祇園四条」站出發，搭京阪巴士
83、85、87、88號於「五条坂」站下
車，步行約8分鐘
備註：必須上網預約

西尾八ッ橋的店面經常都很熱鬧，這是因為店裡面會有各種口味的生八ッ橋試吃，所以就算平日都擠滿了人。西尾創業於1689年，是一家擁有300多年歷史的老店，最初的店名是「八ッ橋屋梅林茶店」，當時是賣一種用米磨成粉後做出來的「白餅」，供在東海道旅行的人於旅途上食用。

生八橋的外皮是用米粉和砂糖製成

岡本是京都數一數二的和服出租店，而且很樂意照顧外國人，在網上預約時只要註明需要中文或英文翻譯，他們就會盡量安排有關店員幫忙。這裡有超過1000套男女的日式服裝，讓客人真正體驗到穿著和服的感受。不過要留意，他們並不是提供真正的「和服」，因為傳統和服穿著相當繁複，而且款式也比較樸素，因此和服出租店大多出租的是浴衣。不想受時間限制，如果本身是入住京都的住宿，可加錢請店家派人員到飯店取回出租和服，這樣就可穿和服一整天了。

一澤帆布在 1905 年開業，第一代老闆是一澤喜兵衛。一直負責經營的一澤信夫在 2001 年去世，一澤帆布是由三子信三郎經營的，他在 80 年代已出任社長，四子喜久夫負責生產。後來他倆跟大哥信太郎發生了爭產事件，而一直打理店鋪的信三郎，最後帶著部份職員及一群老師傅離開自立門戶，在附近開了「信三郎帆布」，由於所有老師傅都跟著信三郎而去，因此很快就做得有聲有色。2007 年，信太郎告信三郎侵權，最終大阪法院判信太郎的遺囑無效，而一澤帆布也一直休業至 2011 年才由信三郎重新接管，並將自己的「信三郎帆布」、「信三郎布包」與「一澤帆布」合併，成為現在的「一澤信三郎帆布」。

他們的帆布袋相當耐用，難怪成了許多人到京都旅遊時的伴手禮之一

よーじや吸油面紙是很多女士到京都必買的伴手禮，這裡的吸油面紙有金箔成份，吸油力也特強，深受日本國內外的人歡迎，從前也很受京都藝妓的喜愛。除了吸油面紙，他們的各種護膚產品、彩妝用品、化妝工具都同樣深受女士的擁護。よーじや於 1904 年創業，最初是在街上推車販賣化妝品，之後在六角御幸町開設第一家店「国枝商店」，因當時一款叫作「楊枝」的牙刷大受歡迎，就將店名改成「よーじや」，即是「楊枝」的意思。

一澤信三郎帆布

官網　　地圖

京都市東山區東大路通古門前上ル高畑町602　10:00～18:00　星期二　www.ichizawa-hanpu.co.jp/　搭206號巴士或任何途經「祇園」的巴士，於「知恩院前」站下車，步行約3分鐘／可從八坂神社走過去，約15分鐘

よーじや

官網　　地圖

京都市東山區祇園四条花見小路東北角　11:00～19:00　www.yojiya.co.jp/　從八坂神社西門樓直行沿四条通走約8分鐘即到／京阪「祇園四条」站2號出口往八坂神社方向步行約5分鐘

町家 Starbucks
二寧坂店

Starbucks 星巴克二寧坂ヤサ

官網　　　　地圖

　　這是全日本第一間以百年町家為主題的星巴克概念店，開幕時造成不少話題，許多日本人和外國遊客也慕名而來。為了維持這一帶古老的風貌，因此這裡店外不可以排隊，遇上全店滿座，大家只能把咖啡帶走，或者繞一圈回來再碰運氣，假如真的很想參觀，可以在開店的前 1 小時或者關門前 1 小時來，這時客人會比較少。

🏠 京都市東山區高台寺南門通下
　　河原東入桝屋町349

🕗 8:00～20:00

🌐 www.starbucks.co.jp/

🚃 從清水寺走到二寧坂，步行約5
　　分鐘

八代目儀兵衛就在八坂神社對面，曾經獲多家媒體報導，午餐時間門外經常都要排隊。他們以米飯作為主題，聽說能吃下四碗飯的客人不少。店家嚴選全日本最好的五星白米，再加上利用老闆設計的土鍋煮出柔軟、口感豐富、晶瑩剔透和帶甘甜的白飯，而飯也有鍋巴在底，相當的美味。這裡的白飯是吃到飽的，午餐還有限定的優質雞蛋，可以學日本人來一個雞蛋醬油拌飯。

八代目儀兵衛

官網　　　　地圖

🏠 京都市東山區祇園町北側296
番地 ⏰ 午餐11:00～14:00、晚餐
18:00～21:00 🍚 星期四 🌐 www.
hachidaime.co.jp 🚌 八坂神社知恩
院方向對面

阿古屋茶屋

官網

地圖

🏠 京都市東山區清水3-343 🕐 11:00～16:00（最後入店時間15:00），週末和節假日至17:00 🌐 www.kashogama.com/akoya 🚌 從清水寺經三年坂步行約6分鐘

京野菜在日本相當聞名，連同京漬物也是遠近馳名的土產。外國遊客想帶一些回家又會很麻煩，所以想吃到道地京都的漬物，可以在遊覽完清水寺之後，順道來到阿古屋茶屋一試。這裡是以茶漬飯為主，就有20多種不同味道的京漬物讓你「放題」吃到飽，無論甜、酸、苦、辣都有，而且不限時間，真的做到「吃到飽」，所以門口經常都有大排長龍的客人在等位。這個放題實際是叫作「お茶漬けバイキング」，茶漬飯才是主角，這裡會用京都有機茶葉，再配上京漬物，對日本人來說是享受。吃茶漬飯前，需向店員說明要焙茶（ほうじ茶）或煎茶，兩種茶都非常清新，對於外國人來說煎茶即是平時常說的綠茶，味道較易接受，而煎茶味道香濃，配上清爽的漬物，是夏天最佳的消暑午餐。

奧丹

官網

地圖

🏠 京都市東山區清水3-340 🕐 平日11:00～16:30（最後點餐時間16:00）、星期六日&節假日11:00～17:30（最後點餐時間17:00）🏠 星期四 🌐 www.tofuokutan.info/ 🚌 從清水寺步行約10分鐘

京都從前有三大豆腐老店，現在只剩下順正和奧丹。奧丹已有370多年歷史，現在由第十五代管理經營。奧丹會跟特定的農家簽約，選用有機栽種的大豆，大家可以放心食用。他們會用滋賀縣的天然水，製作出美味的豆腐，再用來自石垣島珊瑚礁的海水作鹽滷，保留傳統的造法，使豆腐吃下去質感會較為細膩，而且全都是天然。這裡的價格不算便宜，套餐3000日圓起，不過可以吃到一頓傳統的京豆腐料理，試一次也是值得的。

文の助茶屋

 官網　　 地圖

文の助茶屋就在八坂之塔後面那條小巷裡，假如你想去這裡，坐巴士就要在清水坂下車，然後朝著八坂之塔往清水寺，那麼就會比較容易找到。這裡提供和式甜點，以軟綿的白玉ぜんざい最具人氣，此外蕨餅（わらび餅）也是夏天的消暑食品。店內以榻榻米為主，牆上貼滿了名片貼紙，還有許多和風的裝飾，跟周遭的氣氛相當搭配。

🏠 京都市東山區八坂上町373 ⏰ 11:30～17:00 🚫 不定休 🌐 www.bunnosuke.jp 🚌 從八坂通（十文堂旁邊進入）步行到清水寺方向約6分鐘

京都勝牛
京都牛カツ

京都勝牛是賣炸牛排定食，他們是近年日本的人氣連鎖店，縱使京都有幾間分店，但店外總是有人在等位。他們的炸牛排先沾上薄薄的炸粉，放進油中炸 60 秒，然後就上桌。因此，即使炸過，但仍可以保持牛肉軟嫩。吃的時候沾上他們自家製的各式醬汁，就更加美味。

 官網　　 地圖

🏠 京都市東山區八坂鳥居前南入清井町492-19 ⏰ 平日11:30～21:00（最後點餐20:30），週末及假期11:30～22:00（最後點餐21:30）🌐 kyoto-katsugyu.com/ 🚌 從八坂神社步行約2分鐘

新手路線

- ⑦ 一澤信三郎帆布
- 花見小路
- よーじや ⑧
- 祇園 ④
- ⑥ 八坂神社
- ⑤ 牛カツ 京都勝牛
  祇園八坂店
- 七味家本舖 ③
- 清水寺 ②
- ⑨ ① 京都車站
- 🚃 祇園四条
- 四条通

進階路線

- ⑨ 河原町
- 十文堂 ⑦ ⑥
- ④ 星巴克二寧坂店
- 八坂庚申堂
- ⑤ 豆腐料理老店 奧丹
- 🏮 岡本和服出租 清水寺店
- ② ⑧
- 清水寺 ③
- ⑨ ① 京都車站
- 川端通

夏季祭典提案

- ⑦ 一澤信三郎帆布
- ⑧ 八代目儀兵衛
- 祇園 ②
- ⑤ 高台寺
- 町家Starbucks ⑥
- 二寧坂 ③
- 奧丹 清水 ④
- ③ 產寧坂
- ① 京都車站
- 五条通

一澤信三郎帆布

浄土宗総本山 知恩院

よーじや

八代目儀兵衛

円山公園

八坂神社

牛カツ 京都勝牛 祇園八坂店

圓徳院

高台寺

建仁寺

東大路通

十文堂

文の助茶屋

法觀寺

星巴克二寧坂店

二寧坂

八坂庚申堂

阿古屋茶屋

豆腐料理老店 奥丹 清水

產寧坂

七味家本舗

本家西尾八ッ橋

岡本和服出租 清水寺店

清水寺

新手路線

START

在京都車站前巴士總站或京阪電鐵「七条站」出發
搭巴士 206 或 100 號，於「五条坂」站下車
車程約 20 分鐘，再步行約 15 分鐘

9:00
京都車站
P.115

春天可以順道到
円山公園賞櫻

14:30
八坂神社
P.146

步行約 5 分鐘

步行約 1 分鐘

購物

15:45
一澤信三郎帆布
P.153

步行約 10 分鐘

前往京都站的巴士
都可以搭乘

16:30
花見小路、よーじや
P.149、153

11:30
七味家本舗
P.151

步行約 10 分鐘

10:00
清水寺
P.139

搭 100 號、206 號巴士
於「祇園」站下車
車程約 5 分鐘，再步行 3 分鐘

13:30
京都勝牛
P.157

午餐

步行約 1 分鐘

12:30
祇園
P.99

17:30
京都車站
P.115

晚餐

步行

18:00
京都車站附近
P.115

進階路線

9:30
岡本著物和服體驗
P.152

在京都車站前巴士總站搭 206 或 100 號巴士
於「五条坂」站下車
車程約 20 分鐘，再步行約 8 分鐘

步行

9:00
京都車站
P.115

START

散步時間
2～3 小時

10:30
清水寺和服散步、
町家 Starbucks 二寧坂店
P.139、154

晚餐

18:30
河原町一帶
P.188

步行約 1 分鐘

午餐
13:30
奧丹
P.156

搭巴士 206 或 100 號
於「祇園」站下車
車程約 5 分鐘，再步行約 15 分鐘

步行約 3 分鐘

晚餐

18:30
京都車站附近
P.115

搭巴士 206 或 100 號
於「京都」站下車
車程約 20 分鐘
再步行約 5 分鐘

15:30
八坂庚申堂
P.145

步行約 3 分鐘

17:30
回岡本退還和服
P.152

在清水道巴士站搭巴士 206 或 100 號
於「五条坂」站下車
車程約 2 分鐘，再步行約 8 分鐘

或搭京阪巴士 83、85、87、88 號
於「五条坂」站下車
車程約 2 分鐘，再步行約 8 分鐘

下午茶

16:30
十文堂
P.40

夏季祭典提案

9:30
祇園祭
P.99

搭巴士 205 或 5 號，於「四条河原町」站下車
車程約 20 分鐘分鐘

在「祇園」站搭巴士
206 或 100 號
於「清水坂」站下車
車程約 5 分鐘，再步行 10 分鐘

9:00
京都車站
P.115

START

12:00
產寧坂、二寧坂散步
P.142

15:00
高台寺
P.144

步行約 2 分鐘

午餐

步行約 3 分鐘

步行約 2 分鐘

16:00
町家 Starbucks
P.139

下午茶

13:00
奧丹
P.156

18:15
八代目儀兵衛
P.155

晚餐

步行約 15 分鐘

17:15
一澤信三郎帆布
P.153

購物

步行約 3 分鐘

二条城・京都御所・金閣寺周邊

離開了主要的清水寺跟祇園一帶，遊覽京都就要換一個模式，因為在景點與景點之間，不再使用步行的方式。二条城、京都御所、金閣寺和晴明神社都有一點距離，但有一些巴士路線，可以輕鬆與這幾個歷史感滿滿的地方連結在一起，例如 59 和 101 號巴士就會行經這些地方，就算是新手都可以輕鬆的玩這一帶。

金閣寺原名為「鹿苑寺」，是日本一座歷史悠久的古剎，在應永四年（1397 年）建成，座落於京都市北區，同時也成為了世界文化遺產名錄一員。「鹿苑寺」這個名字是取自室町時代第 3 代幕府將軍足利義滿的法名「鹿苑院殿」，後來稱為「金閣寺」，則是因為舍利殿外面鋪滿金箔而得名的。金閣寺的建築風格融合了貴族式的寢殿造與禪宗形式，以鏡湖池為中心的池泉迴遊式庭園，後面倚著笠山，簡直就是一幅美極的圖畫。

官網

地圖

🏠 京都市北區金閣寺町1

⏰ 9:00～17:00

💼 成人500日圓、中小學生300日圓

🌐 www.shokoku-ji.jp/

🚌 京都站前的巴士總站，搭101、102、204、205的巴士於「金閣寺」站下車

金閣寺原址原本是屬於西園寺家擁有，當時稱為「西園寺」，後來西園寺家家道中落，宅邸被廢棄。足利義滿取得此地後，再進行重建，更成為他的政治中心，與天皇不相伯仲。後來，足利義滿出家，將這裡變為自己禪修之處，主要建築舍利殿，也因此成為了現在金碧輝煌的樣子。

後來在應仁之亂當中，鹿苑寺大部分的建築都遭到燒毀，只有舍利殿得以倖免。在

1950 年，舍利殿因為一名名為林承賢的見習僧人放火自焚而完全燒毀。就連供奉於殿中的國寶、足利義滿像等也一同化為灰燼，史稱為「金閣炎上事件」。現在，大家所看到的金閣寺，是在 1955 年重修，直到 1987 年才替舍利殿換上新的金箔裝飾。

旅人手帖

101 號巴士路線也會行經二条城，因此可以把金閣寺與二条城安排同日前往。一般而言，金閣寺參觀時間約 2 小時就能完成，可以上午去金閣寺，下午往二条城，然後於附近一帶散步。

1 寺內建有供奉不動明王的不動堂 **2** 寺頂有寶塔狀的建築，頂端有隻象徵吉祥的金鳳凰裝飾 **3** 大家可以點白燭祈福 **4** 入場券是一張已開光的「御守護」，非常值得收藏

北野天滿宮
北野天満宮

官網　地圖

每逢 2 月下旬至 3 月中旬，北野天滿宮就會開滿梅花，據說菅原道真很喜歡梅花，他下葬後這裡就忽然有梅花長出來

　　北野天滿宮於天曆元年（947 年）建成，現時所看到的天滿宮是 1607 年由豐臣秀吉之子豐臣秀賴所重建的。這裡供奉學問之神「菅原道真」，他是日本平安時代的學者，到了醍醐天皇時晉升為右大臣，不過後來受到左大臣藤原時平的讒言，被貶到九州的太宰府後鬱鬱而終，所以後來九州的太宰府和北野天滿宮同為全日本天滿宮的總本社。每到 2 月 25 日至 3 月中旬的時間，北野天滿宮會舉行梅花祭，在櫻花未開前，北野天滿宮的梅花開得非常絢麗燦爛。2 月 25 日是北野天滿宮的梅花祭，因為這裡的梅花稱為「獻梅」，是日本各地奉納天神的貢品。

天滿宮內都有神牛像，據說摸了以後便財源滾滾來。牛是北野天滿宮的使者，相傳當時用牛來拉著菅原道真的屍體，後來到了北野的位置，牛就不願前進，所以就把道真葬於此地

🏠 京都市上京區馬喰町

🕐 7:00～17:00

💼 免費

🌐 kitanotenmangu.or.jp

🚌 在京都站前的巴士總站，搭101號巴士於「北野天滿宮前」站下車

1 梅花滿開的時間約為 3 月中旬，梅花有 3 種顏色，有白色、粉紅色和桃紅色 2 北野天滿宮也是賞楓名所 3 紅葉季節可付入場費進入御士居欣賞紅葉美景 4 每位入場人士都可以免費享用一客和菓子，在離開前的門口就會找到茶屋

旅人手帖

為什麼菅原道真會成為學問之神？

在菅原道真死後不久，京都相繼出現不少怪事，例如醍醐天皇的皇子病死，繼而又發生皇宮的清涼殿遭到雷擊等不祥的事，所以當時的人認為菅原道真被貶後含鬱而終，怨氣太重，而在北野興建了天滿宮來拜祭他。後來，菅原道真成了天神，也遂漸在日本普及，由於他本來就是位學者，所以獲得了「學問之神」的稱號，很多家長都會帶小朋友來祈求學業順利。

龍安寺在室町時代創建，寶德 2 年即 1450 年建成，這裡最有名的是枯山水石庭「渡虎之子」。龍安寺的枯山水庭園有 30 公尺長、10 公尺寬，庭中沒有一草一木，以白砂弄成平行的坑紋代表了波浪。在白砂上有 15 塊石頭，那是代表了在海上的島嶼，在有限的空間展現出深遠的意境。來到這裡欣賞枯山水要用佛教的角度去看，白砂是代表汪洋大海，石塊就是浮沉人間的蓬萊仙島。

官網

地圖

京都市右京區龍安寺御陵下町13龍安寺 3～11月8:00～17:00、12～2月8:30～16:30 成人600日圓、高校生500日圓、中小學生300日圓 www.ryoanji.jp 在京都站前的巴士總站，搭5號巴士於「立命館大学前」站下車，步行約7分鐘／從金閣寺出發，可以搭59號巴士於「立命館大学前」站下車

仁和寺於仁和 2 年（886年）建成，由光孝天皇所建，但這裡並非一般的寺廟，因為和皇室有莫大的關係，曾經有幾位天皇退位遁入佛門後，在仁和寺裡就執行了「法皇」的政務權利，所以仁和寺又有「御室御所」的另一個稱呼（御室是僧坊，御所就是天皇居住的地方）。這裡是佛教教派的「真言宗御室派」的大本山，在寺院的建築上是最高格式的。不過，仁和寺曾經在應仁之亂中全數燒毀，到了江戶時代 1646 年才重建。

官網

地圖

京都市右京區御室大内33 3～11月9:00～17:00、12～2月9:00～16:30 故宮花園：成人800日圓、靈寶館：成人500日圓，中小學生免費；茶室1000日圓 www.ninnaji.jp/ 在京都站前的巴士總站，搭26號巴士於「御室仁和寺」站下車／從金閣寺或龍安寺出發，可以搭59號巴士於「御室仁和寺」站下車

二条城

官網　　　地圖

二条城是京都另一個世界文化遺產，也是日本的世界文化遺產名錄中僅入選的兩個城廓之一，而另一個則是姬路城。二条城建於江戶時代 1603 年，當時是德川家康的寓所，他建二条城表面上是為自己建造到京都拜訪天皇時的寓所，其實也是張顯權力的表現。不過，除了德川家康的三代外，之後的將軍都少有入住二条城。直到 1867 年，第十五代將軍，即德川家最後一名將軍：德川慶喜在二条城舉行「大政奉還」的儀式，那代表了幕府將政權正式歸還給天皇，二条城也因此而聞名。到了 1939 年，天皇再將二条城賜給京都政府，1941 年更名為「元离宮二条城」，並對外開放參觀。

🏠 京都市中京區二条通堀川西入
　二条城町541

🕐 8:45～16:00（閉城17:00）

💼 入城費／二の丸御殿觀覽費大人1300日圓、高中生及中學生400日圓、小學生300日圓、小學生以下免費

🌐 nijo-jocastle.city.kyoto.lg.jp/

🚌 在JR「京都」站搭山陰本線往「二条」站下車，車程約7分鐘，下車後步行約15分鐘／搭地下鐵烏丸線往烏丸御池，轉東西線往「二条」站，車程約13分鐘，下車後步行約2分鐘／在JR京都站前巴士站，搭9、50及101號巴士於「二条城前」站下車

1 春天時這裡也是賞櫻的好地方 2 二条城的建築風格就是桃山時代的書院建築，上面會有代表皇室的金菊家徽，也會有代表德川家的三葉葵家徽

御金神社

御金神社於 1883 年建成，不算是很古老。主要供奉的神明為日本神話中伊邪那岐及伊邪那美的皇子：金山毘古神（金山彥命），此外也供奉天照大神及月讀神。金山毘古神為礦山、礦物的神明，掌管生活中使用到的金屬類，例如刀劍、鏡子、鋤頭等。來到現代，貨幣、不動產和理財等都算是這個範圍內。所以又說是祈求金運、建築、遷居、除厄、旅途平安等。這裡最引人注目的是金色大鳥居，但原來的鳥居其實是鐵造的，是在 2006 年於颱風摧毀後，有間好心的金箔店捐獻出金箔，才讓鳥居繼續金光閃閃。

1 這裡的金御守及各種保佑進財的東西都很受歡迎 **2** 這裡還有洗錢的活動，到手水舍把錢都洗一下，據說也可以保佑金運 **3** 看這些籤就知道這裡多有人氣

官網　　　地圖

🏠 京都市中京區西洞院押小路
下ル押西洞院町614

🕙 10:00～16:00

🌐 mikane-jinja.or.jp/

🚃 地下鐵東西線「二条城前」站或
「烏丸御池」站，步行約5分鐘
／市巴士「堀川御池」站，步行
約5分鐘

京都御苑

京都御苑官網

京都御苑地圖

京都御所官網

京都御苑是京都御所的外苑，佔地達 63 公頃，非常廣闊，日本在 1869 年遷都東京後，皇室也同時移居到東京，這裡就變成了對外開放的公園。京都御苑結合歷史古蹟和戶外公園概念，因為「御所」就是天皇的住所，每年春秋各有一次連續 5 天對外開放，平日要事先申請才可以參觀，前往日的 4 天前要到官網申請；而御苑在春秋兩季都是賞楓、賞櫻的名所，一年 365 天都對外開放，是國民公園。這裡還有金黃的銀杏樹，也是許多人喜歡前往參觀的看點之一。

🏠 京都市上京區京都御苑3

🕐 京都御苑境內24小時開放

🌐 京都御苑網頁：http://www.env.go.jp/garden/kyotogyoen/index.html

京都御所網頁：http://sankan.kunaicho.go.jp/index.html

🚌 搭地下鐵烏丸線「丸太町」站1號出口，步行約3分鐘／地下鐵烏丸線「今出川」站3號出口，步行約3分鐘

＊ 建議從「今出川」站出發，然後走到「丸太町」站再往烏丸御池轉車到京都市中心

1 可自由參觀京都御所，不用事先申請 **2** 宗像神社 **3** 秋天時的京都御苑 **4** 九條池

京都國際漫畫博物館
京都国際マンガミュージアム

 官網　 地圖

京都國際漫畫博物館前身是龍池小學，於 2006 年創立，館前的一片草地會有很多人坐在地上看書。龍池小學在 1898 年（明治）11 月 1 日創校，直至近年，因為少子化的問題嚴重，造成收生不足，所以最後在 1995 年難逃關校的命運。不過，由於校舍具有傳統價值，所以得以保存下來，變成今日的京都國際漫畫博物館。博物館的藏書量達 30 萬冊，除了日文版本，連外語版本都有收藏。這裡每年都會舉辦 2～3 次特別展，特別展要另收入場費，對於喜歡漫畫的人這些特別展是十分難得的。

1 學校前面的草地，周末時有許多人都在這裡看書 2 手塚治虫筆下的火之鳥，利用「寄木構造」的方式打造，而眼睛則是使用「玉眼」的法國頂級雕刻技術製作

🏠 京都市中京區金吹町452

🕐 10:30～17:30（最後入館時間17:00）

🚪 星期三、年末年初

💼 成人900日圓、中高學生400日圓、小學生200日圓

🌐 kyotomm.jp/

🚇 地下鐵烏丸線「烏丸御池」站2號出口步行約3分鐘

然花抄院

官網　地圖

這家店是然花抄院的室町本店，室町這個區域本身就有很多古老的町家，這裡也是由江戶時代的町家改裝而成，共有 300 年歷史，前身是和服店。老闆荒木志華是「長崎堂」的第四代目，他把藝術和設計與自己的家族生意結合起來，創造出「長崎堂」的新品牌「然花抄院」。這裡可以吃到「長崎堂」有名的 Castella（カステーラ）蛋糕（長崎蛋糕），同時配一杯京都抹茶，然後欣賞窗外庭園美景，是視覺與味覺的享受。

然花抄院的蛋糕設計，也曾獲得「2010 年 Gold Pent Award」和「Reddot Best of the Best」獎項，他們的「半熟カステラ」就是使用雞蛋作概念，利用和紙包成像蛋殼的樣子，再附上一只木頭做的小鏟板用來切蛋糕，甚有傳統京美學與現代工藝融合之美。

關於町家

町家是一種房屋的建築風格，在平安時代與江戶時代成形，於昭和時期發展完成。町家可分為幾類，包括：表屋造り、仕舞屋、塀付、平屋、中二階、總二階及三階建て。而「然花抄院」就是屬於「表屋造り」這種。「表屋造り」是「前舖後居」的住宅，中間利用玄關隔開店舖和住宅。「然花抄院」的建築風格又稱為「鰻魚被窩」，主要特色就是門面狹窄，屋內縱細深長，面向街道的部分是店面，再以細長的胡同連接廚房、房間、倉庫等地方，這種門口收窄裡面狹長的町家，稱為「鰻魚被窩」，古時的人興建成這樣是為了減少繳稅。

🏠 京都市中京區室町通二条下ル蛸薬師町271-1

🕐 11:00～18:00

🌐 zen-kashoin.com

🚇 地下鐵「烏丸御池」站2號出口步行約6分鐘／地下鐵「二条城前」站2號出口，沿押小路通步行約10分鐘

Café Bibliotic HELLO!

官網

地圖

　　這裡是從一幢日本傳統建築町家改建成的 café，開業多年一直都有日本媒體來採訪報導。除了因為店內置有一排排從 1 樓延伸到 2 樓的挑高書櫃外，他們的食物也烹調得很美味。很多人來是為了這裡的裝潢，那偌大的書櫃並非只是裝飾，客人是可以把書取回座位閱讀，好像一個小型的圖書館。

1 書櫃由 1 樓延伸到 2 樓 **2** 2 樓的空間比較寧靜 **3** 這裡以輕食為主

🏠 京都市中京區二条柳馬場東入ル晴明町650

⏱ 11:30～24:00

🌐 www.cafe-hello.jp/

🚌 地下鐵「京都市役所前」站步行約10分鐘

GYOZA OHSHO
烏丸御池店

官網　　　地圖

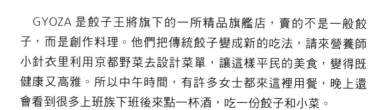

　　GYOZA 是餃子王將旗下的一所精品旗艦店，賣的不是一般餃子，而是創作料理。他們把傳統餃子變成新的吃法，請來營養師小針衣里利用京都野菜去設計菜單，讓這樣平民的美食，變得既健康又高雅。所以中午時間，有許多女士都來這裡用餐，晚上還會看到很多上班族下班後來點一杯酒，吃一份餃子和小菜。

🏠 京都市中京區両替町通姊小路上ル龍池町430 🕐 10:30〜22:30 🌐 map.ohsho.co.jp/b/ohsho/info/1458/ 🚇 地下鐵「烏丸御池」站4號出口步行約1分鐘

1️⃣ 「サワークリームと溶かしバターで食べるスープ」餃子 480 日圓，是酸奶油添加奶油的湯餃子，味道特別而且清爽，可以當作前菜來吃 2️⃣ 傳統的餃子，但這裡是沾京都的白味噌，叫做京風和風餃子，460 日圓

西陣織世界知名，跟京友禪都是代表了京都傳統工藝。在西陣織會館內，可以欣賞到這種精細的織品，更可以了解到它的歷史，同時在館內更能現場看到手織機表演。除此以外，還可以看到和服秀，模特兒穿上西陣織和服在天橋上展示這些華美的手工。在2樓設有商店，可以買到各種利用西陣織製作的商品，例如小錢包、書籤等等，都是不錯的京都伴手禮。

西陣織會館

官網　地圖

🏠京都市上京區堀川通今出川南入西側 🕐10:00～16:00 🚪星期一、12/29～1/3 🎫免費 🌐nishijin.or.jp/ 🚇地下鐵「今出川」站步行約10分鐘／搭巴士9、12或59號，於「堀川今出川」站或「一条戾橋・晴明神社前」站下車步行約2分鐘

晴明神社是供奉安倍晴明的地方，安倍晴明是日本平安時代的一位陰陽師，有很多豐功偉業，所以將他的舊居改建為晴明神社。什麼是陰陽師呢？其實就是精通天文觀測和占卜符咒的人，從前中國也有類似的職位，名叫欽天監。安倍晴明死後，於1007年就建成了晴明神社，也是晴明的舊宅，京都人認為供奉安倍晴明可以祛除煩惱、除卻災厄，也是驅魔、除惡的神社。近年因為《陰陽師》的小說和電影，這裡又變得熱門起來。

1 五芒星是晴明神社的符號，也叫晴明紋 **2** 這口井的水是京都名水，每年神職人員會按當年的12干支把井指向那年地支中。聽京都人說，把晴明井的照片放在手機上做桌布，會帶來好運

晴明神社

官網　地圖

🏠京都市上京區晴明町806（堀川通一条上ル）🕐9:00～16:30 🌐www.seimeijinja.jp/ 🚇地下鐵「今出川」站步行約12分鐘／搭巴士9、12或59號，於「堀川今出川」站或「一条戾橋・晴明神社前」站下車步行約2分鐘

さらさ西陣
SARASA 西陣

官網　地圖

　　さらさ西陣是由澡堂改建而成，錢湯已有 80 年歷史，從前的日本人不會每一家都有浴室，所以會走到外面的澡堂洗澡。不過隨著時代的進步，日本的公眾錢湯已變少，有些甚至拆掉用來蓋房子。幸好，藤の森湯在 1998 年停業後逃過拆卸的命運，經過簡單的粉飾維修，變成了さらさ西陣，店主對這裡盡可能保持原汁原味。店內最吸引人是那些色彩繽紛帶點復古風的磁磚（釉燒馬約利卡磁磚），本來樓上的位置是浴場，店家為了增加空間，就索性打通整間店，有些打爛了的牆也原封不動的留在這裡，客人還可以看到錢湯的痕跡。

🏠 京都市北區紫野東藤ノ森町 11-1

🕐 星期一～四11:30～21:00；星期五、六11:30～22:00

🚪 星期三

🌐 www.cafe-sarasa.com/

🚌 搭巴士206號，於「千本鞍馬口」站下車步行約5分鐘／從晴明神社步行過來約20分鐘，或於晴明神社搭59號巴士於「千本鞍馬口」站下車步行約5分鐘

1 12:00 ～ 15:00 是午餐時間，午餐都只要 1000 日圓，而且會不時更換款式　2 吃飽了以後，拿著號碼牌去付款

在京都紫野的今宮神社，是一間歷經千年之久的古老神社，自 994 年起就存在至今。來這裡的人，大部份都是祈求健康長壽、開運、締結良緣等的願望，尤其是在戀愛運方面，這裡的玉の輿（たまのこし）御守與歌姬籤更是受當地女士歡迎，當中的玉の輿御守就是所謂有機會嫁入豪門的御守名稱。為什麼會說是嫁入豪門的御守呢？「玉の輿」意思即是指婚姻對象會是有錢的人家，那就像我們常說的嫁入豪門的感覺，據說古時這裡有一間八百屋（蔬菜店），店主女兒叫「お玉」，她後來嫁入了德川家，是一段「飛上枝頭」的佳話，後人把她家鄉的今宮神社認定為姻緣神社。

官網　地圖

🏠 京都市北區紫野今宮町21 ⏰ 9:00～17:00 🌐 www.imamiyajinja.org/ 🚌 可搭巴士46號至「今宮神社前」站下車／或巴士1號、12號、204號、205號、206號、北8號、m1號等至「船岡山」站下車，再走約7至8分鐘

船岡溫泉是京都裡少見的澡堂，日本人叫錢湯。船岡溫泉於大正 12 年建成（1923 年），當年是較高級的一種錢湯，曾經風光一時。澡堂內的脫衣場樑柱上有精細木雕，刻畫了日本傳統的植物圖案，還有對於二次大戰的描繪。在浴場中又有艷麗的瓷花磚，帶點巴洛克風格，也是明治維新後常見的和洋並存的特徵。現在雖然不再像從前的熱鬧，但還有不少老人家喜歡來這裡回味昔日的時光，也有不少外國人專誠來體驗這種道地的文化。船岡溫泉還是「國家指定文化財」的一部份，是很值得來訪的地方。

官網　地圖

🏠 京都市北區紫野南船岡町82 ⏰ 15:00～01:00（星期日8:00～01:00）💰 成人430日圓、中小學生150日圓、小學生以下60日圓 🌐 www.funaokaonsen.net/dish.html 🚌 搭巴士206號，於「千本鞍馬口」站下車步行約5分鐘／從晴明神社步行過來約20分鐘，或於晴明神社搭59號巴士於「千本鞍馬口」站下車步行約5分鐘

一文字屋和輔

地圖

あぶり餅は今宮神社一帶的名物點心，在今宮神社旁就有店家。當中，最備受當地人推崇的就是這間「一文字屋和輔」，是一間擁有千年歷史的老店，專賣あぶり餅。而這種餅口感有點像麻糬，據說吃了甜甜的麻糬就能祈求疾病痊癒。店家預先用竹串串好像大拇指般大小的麻糬再沾上黃豆粉，再直接用炭火烤製，盛盤時還會淋上甜甜的煉乳，味道也就偏甜一點。

🏠 京都市北區紫野今宮町69
🕙 10:00～17:00
🏠 星期三（遇1、15則順延）
🚌 可搭巴士46號至「今宮神社前」站下車／或巴士1號、12號、204號、205號、206號、北8號、m1號等至「船岡山」站下車，再走約7至8分鐘

KAMOGAWA BAKERY
鴨川烘焙坊

官網　　　　地圖

　　「KAMOGAWA BAKERY」以無接觸式麵包店經營，採取非面對面式點餐服務，大大減少因等待而與人群接觸的機會外，客人可以用手機先預購再到店領取，如果到店購買也不需使用麵包夾，只要在螢幕上點選想要的麵包，然後付款即可。店鋪內 80% 的麵包製品均是素食，使用植物性食材取代牛奶製品，為素食者提供更多的選擇。店鋪的人氣貝果和看板商品「新食感吐司」均選用了上等北海道產小麥粉，讓客人可享受麵包最原始的淡淡甜味和食材的芳香醇厚，而且口感鬆軟，非常美味。

1 2 選用了上等北海道產小麥粉，無添加奶油和牛奶等動物食材，提供豐富的口味選擇，利用特殊製法讓貝果更甘甜有咬勁濃厚

🏠 京都府京都市上京區伊勢屋町386

🕐 9:00～18:00（賣完即關）

🌐 www.kamogawabakery.com/

🚌 搭乘京阪電氣鐵道鴨東線到「神宮丸太町」站下車，步行3分鐘／巴士202、204、65、93號於「河原町丸太町站」下車，步行1分鐘

今宮神社

金閣寺

さらさ西陣

船岡温泉

龍安寺

仁和寺

北野天満宮

西陣織會館

晴明神社

御室仁和寺

龍安寺

妙心寺

北野白梅町

然花抄院
京都室町本店

花園

圓町

京都國際漫畫博物館

二条城

御金神社

二条

GYOZA OHSHO
烏丸御池店

山ノ内

大宮

西院　西院

新手路線

② 金閣寺

二条城 ④　　⑤ 然花抄院
　　　　　　　京都室町本店
二条小屋 ③ ⑥ 御金神社
　　　　天丼まきの ⑦

河原町

🚉 京都車站大樓 ①

進階路線

鳥岩樓 ④
　　　③ 西陣織會館
　　② 晴明神社
　　　　⑤ 京都御苑

🚉 二条

　　　　　⑦ Café Bibliotic
　　　　　　　Hello!
　　　　⑥ 京都國際漫畫博物館

🚉 河原町

① 京都車站大樓

🚉 出町柳

⦿ 京都御苑

🚉 神宮丸太町

🍴 KAMOGAWA BAKERY
　　鴨川烘焙坊

🍴 Café Bibliotic Hello!

三条 🚉

烏丸

河原町 🚉

賞楓私房提案

今宮神社 ③ ④ 一文字屋和輔

② 鳥岩樓

① 北野天滿宮

🚉 北野白梅町

河原町 ⑤
🚉 河原町

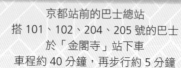

京都站前的巴士總站
搭 101、102、204、205 號的巴士
於「金閣寺」站下車
車程約 40 分鐘,再步行約 5 分鐘

9:00
京都車站
P.115

14:00
二条城
P.170

步行約 4 分鐘

步行約 10 分鐘

下午茶

步行約 5 分鐘

15:30
然花抄院
P.174

17:00
御金神社
P.171

10:00
金閣寺
P.165

搭 12 號巴士於「堀川御池」站下車
車程約 25 分鐘，再步行 2 分鐘

午餐

12:00
二条小屋
P.48

18:00
天丼まきの
P.79

晚餐

步行 21 分鐘

或搭地鐵東西線於「烏丸御池」站下車
車程約 2 分鐘，再步行約 6 分鐘

進階路線

10:00
晴明神社
P.177

地下鐵「今出川」站步行約 12 分鐘

或搭巴士 9、12 或 59 號，於「堀川今出川」站
或「一条戻橋 ‧ 晴明神社前」站下車步行約 2 分鐘

9:00
京都車站
P.115

 START

步行約 2 分鐘

18:00
晚餐
Café Bibliotic HELLO!
P.175

11:00
西陣織會館
P.177

步行約 8 分鐘

步行約 8 分鐘

16:00
京都漫畫博物館
P.173

12:00
鳥岩樓
P.76

地鐵「烏丸御池」站從 2 號出口
步行約 12 分鐘，車程約 2 分鐘

午餐

13:30
京都御苑
P.172

搭巴士 201、203、51 或 59 號於烏丸「今出川」站下車
車程約 7 分鐘，再步行約 8 分鐘

賞楓私房提案

START

住宿飯店出發

前往北野天滿宮的巴士都可搭乘
於「北野天滿宮前」站下車

11:00
北野天滿宮賞楓
P.167

14:30
今宮神社
P.179

搭巴士 203、51 號於「今出川淨福寺」站下車
車程約 5 分鐘,再步行約 3 分鐘

午餐

搭巴士 46、206 號於「今宮神社前」站下車
車程約 10 分鐘,再步行約 1 分鐘

13:00
鳥岩樓
P.76

步行約 1 分鐘

15:30
一文字屋和輔
P.180

晚餐

搭巴士 46、206 號
於「四条烏丸」站下車
車程約 37 分鐘

下午茶

17:00
河原町一帶購物及晚餐
P.188

河原町周邊

河原町一帶是京都最繁華的地段，所有購物和
美食區都集中在這裡，有著名的百貨公司，如
高島屋、大丸和 O1O1 百貨；商店街寺町通和
新京極通。河原町是一個很大範圍的區域，這
裡是由四条通、河原町通、三条通和烏丸通所
圍成的，因為京都的特殊規劃，不想破壞京都
的傳統氣氛，因此在城市規劃上就把購物和娛
樂都集中一起。

錦市場

錦市場可以說是京都市中心道地的市場，全長 390 公尺，貫通了寺町京都至高倉通。市場除了有新鮮蔬果販賣外，還有海鮮、漬物、京野菜等店舖，雖然已成為遊客到京都必造訪的旅遊景點，但市場還保留其特色，仍然是京都主婦日常買菜的地方。錦市場大約在 1615 年開始，就由幕府正式批准在此經營買魚的店舖，所以最初的錦市場是一個魚市場，時至今日已有 400 年的歷史。

官網　地圖

🏠 京都市中京區錦小路通

⏰ 9:00～18:00（因各店而異，此為大部份商店的營業時間）

🌐 www.kyoto-nishiki.or.jp

🚇 地下鐵烏丸線「四条」站下車步行約3分鐘／阪急京都線「烏丸」站下車步行約3分鐘／京阪本線「四条」站下車步行約10分鐘／京都站前巴士總站搭巴士5號，於「四条高倉」站下車步行約2分鐘

❖ 打田漬物

　　打田漬物在昭和時代已開始營業，至今超過了 60 年。這裡的漬物款式甚多，全部都以京都出產的野菜醃製，各種不同方法醃製的漬物都有，如淺漬，即味道較淡，醃的時候不加太多醃料，能保持蔬菜在最新鮮的狀態；糠漬則以米糠醃製的蔬菜，程序比較多。打田漬物的名物是「千枚漬」，使用京都出產的蕪菁（大頭菜）切成薄片，再用昆布、辣椒和甜醋醃製。店內設有試吃，合自己口味再購買。

🏠 京都市中京區中魚屋町柳場馬場西入 ⏱ 9:30～18:00 🏠 1月1日休 🌐 www.kyoto-uchida.ne.jp

官網　　　　地圖

❖ 三木雞卵　三木鶏卵

　　雞蛋看似是很普通的食物，不過在日本卻變得很有地位，而且價格不菲。三木雞卵是百年老店，在錦市場分店的門口總是有人在等著，為的是一份新鮮的蛋餅。三木嚴選優質的雞蛋，使用北海道利尻昆布和柴魚烹調高湯，然後加進蛋漿中，再經由廚師親手一塊一塊的煮出來，每份的品質都一樣，吃起來相當柔軟，而且充滿雞蛋的香氣。這裡有小份出售，遊客可以買一份在店前享用，千萬別邊走邊吃喔！

🏠 京都市中京區錦小路通富小路西入ル東魚屋町182 ⏱ 9:00～17:00 🏠 1月1日 🌐 mikikeiran.com/

官網　　　　地圖

❖ 有次

　　有次由藤原有次創立，在 1560 年已經開始在京都製作刀子，至今已有 400 多年歷史。後來有次的後代選擇在錦市場開業，1969年就在這裡營業，也把「有次」打造成一個日本廚師都希望擁有的品牌。店內除了刀，還有不少由職人打造的煮食用具，很多廚師都遠道而來購買他們的產品。

🏠 京都市中京區御幸町西入ル鍛冶屋町219 ⏰ 10:00～16:00 🚫 星期三、1月1日～1月3日 🌐 www.kyoto-nishiki.or.jp/stores/aritsugu/

 官網　　 地圖

❖ 京丹波

　　京丹波每天都傳來栗子香氣，他們在丹波有自己的栗子園，特別是秋天的時候，這裡可以買到超大顆日本產的栗子。他們在店內利用特殊的烤爐烘烤栗子，遊客可以現買現吃。不過要留意，由於 10～12 月才是日本栗子生產的季節，因此在這段時間以外，所買到的栗子未必是日本出品。

🏠 京都市中京區錦小路通麩屋町東入鍛冶屋町206 ⏰ 10:00～21:30 🌐 www.tanba-nouhan.com

 官網　　 地圖

❖ 牡蠣屋錦大安　かき屋錦・だいやす

通常吃牡蠣，你會想到去廣島或者九州，在錦市場裡，「牡蠣屋錦大安」以牡蠣為賣點的海鮮店，在大正十年就已經開始販售（1921 年），所以對於牡蠣非常專業！這裡提供不同地區的牡蠣，在京都就能吃到日本各地新鮮的牡蠣。

這裡更提供生牡蠣，在日本很多店家都怕衛生問題（腸胃敏感的人較不適合），所以大多都只會提供烤牡蠣或其他煮熟的牡蠣料理。他們嚴格挑選生蠔，也很注重衛生，客人可放心食用。

店家有提供三重縣鳥羽生蠔，也有北海道生產的仙鳳趾生牡蠣，當然店家也會隨季節和當時的新鮮度進貨，保證客人吃到最新鮮的生牡蠣。店內也有提供其他海鮮，貝類是最多人推薦，不吃牡蠣的人也可以試試其他海鮮。

當天有什麼牡蠣，在門前可以一目了然

🏠 京都市中京區錦小路通高倉東入ル中魚屋町509　🕐 星期一～四11:00～18:00（星期六日至20:00）　🌐 www.facebook.com/kyoto.oyster 🚉 阪急京都線烏丸站16號出口步行2分鐘／阪急京都線「京都河原町」站步行4分鐘／地下鐵烏丸線「四条」站步行3分鐘

官網　　　地圖

❖ Snoopy 茶屋

九州有個 Snoopy 茶屋，現在不用跑到九州那麼遠了，來到錦市場就有了。這裡由一幢兩層的老屋改建而成，1 樓是販售產品的地方，包括了當店限定的 Snoopy 商品、可以外帶的和菓子和野菜霜淇淋。而 2 樓則是 café，當然會有以 Snoopy 造型為主題的食品。如果只是想來這裡吃下午茶，café 推出的 Snoopy 造型棉花糖冰咖啡拿鐵和熱抹茶拿鐵，都很值得一試！

🏠 京都市中京區錦小路柳馬場西入中魚屋町480　🕐 茶屋10:00～17:30、商店10:00～18:00　🌐 www.snoopychaya.jp/

官網　　　地圖

官網　　　　地圖

1 插進大樓內的鳥居　2 牛是菅原道真的使者，稱為御神牛，據說摸摸神牛會變得聰明，也帶來平安和財富

　　錦天滿宮屬於京都北野「天滿宮」的分祀，就在錦市場的盡頭處，也因為位處於錦小路與新京極通的交界，所以就稱為「錦天滿宮」。錦天滿宮供奉學問之神「菅原道真」，因為座落於繁華的街道上，所以有「繁華街唯一の鎮守神社」之稱。

　　來到錦天滿宮，除了祈求學業外，也有很多人會來祈求生意興隆。錦天滿宮最特別的地方是鳥居，因為鳥居的兩旁居然插進了大樓內。這個鳥居興建於 1935 年，但興建之時兩旁都只是矮小的房子，加上當時的工程師思慮不周，隨著發展，這些小房子難逃拆卸的命運，隨著高樓的興建，才發現鳥居太寬了。但社方不能隨便移動和拆卸鳥居，最後決定在大樓外牆預留空間安置鳥居過寬的部份，因此形成了這有趣的景象。

🏠 京都市中京區新京極通四条上ル中之町537

🕐 8:00～20:00

🌐 nishikitenmangu.or.jp/

🚃 地下鐵烏丸線「四条」站下車步行約3分鐘／阪急京都線「烏丸」站下車步行約3分鐘／京阪本線「四条」站下車步行約10分鐘／京都站前巴士總站搭巴士5號，於「四条高倉」站下車步行約2分鐘

鴨川

　　鴨川貫穿了京都，孕育京都千年文化，從四条到三条是一條不錯的散步路線。現在在鴨川兩旁仍然保留了不少的古老建築，也有很多的日本料理店家，到了夏天時，三条和四条鴨川旁的餐廳，都會架起納涼床，那是一個從店家延伸出來的戶外露台，客人可以一邊吃飯一邊欣賞鴨川美景，連三条的星巴克都有架設納涼床呢！

1 鴨川旁的納涼床，很多餐廳都會在夏天時推出「納涼床」料理 **2** 三条的星巴克也有架納涼床，算是這一帶可以最便宜的價錢享用到「納涼床料理」呢！ **3** 要在星巴克享用到納涼床，要先買飲品後排隊等待入座

搭巴士於「四条河原町」、「河原町三条」站下車，都可以步行到鴨川／阪急京都線「河原町」站下車步行約3分鐘／京阪本線「祇園四条」站下車步行約10分鐘

六角堂

六角堂有另外一個名字為「頂法寺」，因為本堂為平面六角形，後來因此稱為「六角堂」。六角堂是西國三十三箇所之一，雖然對於遊客來說並不算很有名，但在日本佛教徒心目中，這裡是三十三個觀音靈場之一。本堂依著佛法中六根清淨之意而建（眼、耳、鼻、舌、身、意），早年會有寺廟的人到聖德太子曾在沐浴的遺跡中奉上鮮花，聽說這就是日本最早的花道來源。此外，在六角堂內都會有許多鴿子，因此這裡以鴿子造型為其籤詩。

官網　　　地圖

1 可愛的鴿子籤 2 六角堂旁邊有一家星巴克，這也是概念店之一，因為是可以看到寺廟的星巴克

京都市中京區六角通東洞院西入堂之前町248

6:00～17:00

www.ikenobo.jp/rokkakudo/

地下鐵烏丸線「烏丸御池」站5號出口步行約3分鐘

中京郵便局

官網	地圖

🏠 京都市中京區三条通東洞院
東入る菱屋町30 ⏰ 平日：8:00～
19:00（週末&假期至18:00）
🌐 map.japanpost.jp/p/search/
dtl/300144153000/ 🚇地下鐵烏丸
線「烏丸御池」站5號出口步行約
2分鐘

中京郵便局採用新文藝復興的建築風格，路過時總會覺得這不是京都該有的印象。這所郵局建於明治35年（1902年），最初是作為公共部門使用。中京郵便局位於三条通上，當時的三条通是京都的金融中心，回想昔日的景象，就會知道這幢建築絕對沒有格格不入的感覺。

新京極商店街／
寺町商店街

官網	地圖

🏠 京都市中京區新京極通蛸藥師
下る東側町507れんげビル3F ⏰
10:00～22:00（因各店而異）🌐
www.shinkyogoku.or.jp/ 🚌巴士於
「四条河原町」站下車／阪急電車
「河原町」站9號出口／地下鐵烏
丸線「四条」站步行約10分鐘

新京極商店街和寺町商店街並排而行，也是京都最主要的兩條商店街。當中以新京極商店街的歷史悠久，是現存日本第二古老商店街。這裡全長500公尺，兩旁都是道地的商店，有些甚至已有幾十年的歷史，很多店家的商品都很適合買來當伴手禮。除了有販賣商品的商店，這裡也有不少餐廳，有輕食咖啡店、蕎麥麵店、鰻魚飯和壽司等等，如果不知道要吃什麼，不妨來此覓食喔！

八百一本館就位於京都的巷弄深處，基本上如果沒有特別走進去就不會發現。這裡集合了數十家京都在地老舖而成的超級市場，賣的不是一般的新鮮蔬果、肉類和醬料，而是集京都最精緻的食材於一身的賣場。日文中「八百屋」就是蔬果店的意思，現在已經在全國的超級市場推廣了他們的品牌。八百一還自設農場，讓員工直接到農場學習農務，進而對於食材有更深入的認識，此外還有兩間餐廳，利用京都在地食材做出料理餐，客人可以馬上品嚐。

在河原町四条交叉口上，高島屋的建築很突出的聳立在那裡。高島屋本身是日本的老牌百貨店，販賣的商品以中高價位為主，特別是美容專櫃樓層，天天都擠滿了人。這裡設有美食街：京回廊，並分家庭區、老店區和流行區，想買到京都最新鮮的食材及美食，可以到高島屋走一圈。這裡同時設有退稅服務，在店內各個品牌購買商品後，可集中單據到退稅櫃檯退稅（退稅須收取 1.1% 手續費）。

河原町周邊

八百一本館

官網　地圖

🏠 京都市中京區東洞院通三条下る三文字町220番地 🕐 10:00～21:00
🌐 www.kyotoyaoichihonkan.com/
🚌 搭巴士於「烏丸三条」站下車步行約2分鐘，或「四条烏丸」站下車步行約5分鐘／阪急電車「烏丸」站21號出口步行約5分鐘／地下鐵烏丸線「烏丸御池」站5號出口步行約3分鐘

河原町周邊

京都高島屋

官網　地圖

🏠 京都市下京區四条通河原町西入真町52番地 🕐 10:00～20:00
🌐 www.takashimaya.co.jp/kyoto/
index.html 🚌 巴士於「四条烏丸」站下車步行約3分鐘／阪急電車「河原町」站下車直達／京阪電車「祇園四条」站下車步行約5分鐘

SOU·SOU

官網

　　如果要說一個代表京都的潮流品牌，一定非 SOU·SOU 莫屬。SOU·SOU 並不是單純的服裝品牌，而是代表著京都風潮流，他們除了出品以京風紋樣風格為主的衣服、鞋子、配飾之外，更發展出文具和餐具等各種生活雜貨。SOU·SOU 把江戶時代工人穿著的鞋子變得時尚；把傳統用來包裹泡湯個人用品的風呂敷，變成女士愛用的手袋。SOU·SOU 來自京都，各個系列的店舖都集中在新京極商店街附近，可以一次把這些系列店舖全逛完。

✳ SOU·SOU 足袋

🏠 京都市中京區新京極通四條上ル中之町583-3

🕐 12:00～20:00　　🔒 星期三

地圖

🌐 www.sousou.co.jp/

🚋 阪急電車「河原町」站6號出口步行約3分鐘／巴士於「四条河原町」站下車／地下鐵烏丸線「四条」站步行約10分鐘

✳ SOU·SOU 伊勢木綿

🏠 京都市中京區新京極通
四條上ル中之町579-8

⏱ 12:00～20:00

👕 星期三

地圖

✳ SOU·SOU 布袋

🏠 京都市中京區新京極通
四條上ル中之町569-10

⏱ 12:00～20:00

👕 星期三

地圖

✳ SOU·SOU わらべぎ

🏠 京都市中京區新京極通四條上ル中之町569-6

⏱ 12:00～18:00

👕 星期三

わらべぎ在日語中是「兒童」的意思

地圖

✳ SOU·SOU 着衣

🏠 京都市中京區新京極通四條上ル中之町583-6

⏱ 12:00～20:00

👕 星期三

地圖

✳ SOU·SOU 傾衣

🏠 京都市中京區新京極通四條上ル中之町569-8

⏱ 12:00～20:00

👕 星期三

地圖

BAL

官網　　地圖

　　BAL 在近河原町三条那邊，是一幢樓高 10 層的生活百貨。這裡走中高級路線，地下一層是老牌書店丸善；佔地兩層的無印良品，4 樓是 café，5 樓是店舖；4 樓有自由之丘人氣雜貨店 Today's Special。其他樓層除了生活雜貨外，還有服裝店，想找一些中價位的設計品牌，可以到這裡來看看。

京都市中京區河原町通三条下ル山崎町251 🕐 11:00～20:00 🌐 www.bal-bldg.com/kyoto/ 🚌 巴士於「四条河原町」站下車步行約5分鐘／阪急電車「河原町」站下車步行約7分鐘／京阪電車「三条」站下車步行約8分鐘

井和井雖然不是老店，但在京都已開業了 30 多年，專門販賣原創設計的和風紙物，也有販賣一些和風的生活雜貨用品。這裡的商品包括京都和紙、線香、清水陶器、明信片等等，都是很受歡迎的伴手禮。此外，這裡還會販賣一些京風的首飾和頭飾，也有一些京風的配件，想不到買什麼伴手禮可以來此選購。

京極井和井

官網　　　　地圖

京都市中京區新京極通四条上ル 11:00〜20:00 www.kyoto-iwai.co.jp/ 巴士於「四条河原町」站下車／阪急電車「河原町」站9號出口／地下鐵烏丸線「四条」站步行約10分鐘

「先斗町」夾在木屋町和鴨川中間，其實是昔日的花街，本身「先斗町」就是指窄細的道路，走到這裡就只容得下兩個人的身體。從前這條石坂路兩旁都是茶屋，現在已經將茶屋改裝成各式各樣的餐廳、酒吧、居酒屋等。這裡每家面向鴨川的餐廳幾乎都會提供「納涼床料理」，夏天的時候最熱鬧。這裡的熱鬧跟四条河原町很不一樣，雖然人來人往，各種赤紅的燈籠高掛，但氣氛相當寧靜。

先斗町

官網　　　　地圖

京都府京都市中京區先斗町 因各店而異 www.ponto-chou.com 阪急京都線「河原町」站5號出口，步行5分鐘／京阪本線「祇園四条」3號出口，步行3分鐘／巴士205於「四条河原町」下車

1 先斗町的餐廳，如果是面向鴨川這面，在夏天大多都會提供納涼床料理 2 白天的先斗町

niki niki
ニキニキ

 官網　 地圖

京都市下京區四条通小橋西入真町96 🕐 11:00～18:00 🌐 nikiniki-kyoto.com/ 🚌 巴士於「四条河原町」站下車／阪急電車「河原町」站5號出口／地下鐵烏丸線「四条」站步行約15分鐘

いきなり！ステーキ

 官網　 地圖

京都市中京區河原町通三条下る大黑町51-1 🕐 10:00～22:00（午餐10:00～15:00，只限平日）🏠 無休 🌐 ikinaristeak.com/ 🚌 巴士於「河原町三条」站下車／阪急電車「河原町」站6號出口步行約6分鐘

生八橋是京都名物菓子，近年老舖聖護院八橋希望生八橋可以更年輕化，因此研發出充滿現代風的生八橋品 niki niki。niki niki 可愛又精緻，色彩繽紛的生八橋包裹著客人選擇的喜愛口味，任何人走過店家總是不由自主的停下來。大家不一定要買回去才吃，可以在店家現買現吃，先選生八橋的顏色，再選餡料。

いきなり！ステーキ是一家立食牛排店（部份分店有座位），目前在日本全國都有分店，相當受歡迎。他們午餐的牛排很便宜，約 2000 日圓就可以吃到 200 克的牛排，因此午餐時間經常都有人在門外排隊。晚上這裡吃牛排可以按重量收費，請櫃檯師傅切好想要的份量，然後再秤重量，客人吃多少就付多少費用。

辻利是京都宇治抹茶老店，創辦人是「辻利加衛門」，後來從宇治本店分家，成立「祇園辻利」。辻利默默的在京都販賣抹茶，也把辻利變成了抹茶的代名詞。為了讓更多年輕人吃到抹茶，他們研發許多抹茶甜品，成功打進了年輕人市場。在辻利京都店內，可以吃到濃郁抹茶味的霜淇淋，也能喝到透心涼的綠茶飲料。

名代とんかつ かつくら是京都道地的炸豬排店，他們的豬大部份是來自山形縣平田牧場，而店家也不時推出日本各地的名豬豬排。這裡採用純植物油炸豬排，廚師掌握火侯相當好，所以外面香脆裡面仍然鮮嫩。店家更有自家製的醬汁，是外面吃不到的味道。

① 每份定食的麥米飯、味噌湯和高麗菜絲都可以免費續加 ② 研磨好的芝麻香氣四溢 ③ 他們有自家製的醬汁，用柚子汁吃高麗菜，濃口醬油及とんかつソス則用來吃豬排

辻利 京都店

官網　地圖

🏠 京都市東山區四条通大和大路西入中之町215番地 🕐 11:30～18:30 🌐 www.kataoka.com/tsujiri/shop/kyoto/ 🚌 巴士於「祇園」下車步行約6分鐘／阪急電車「河原町」站1號出口步行約4分鐘／京阪電車「祇園四条」6號出口步行約1分鐘

名代とんかつ かつくら
四条東洞院店

官網　地圖

🏠 京都市中京區寺町通院四条上ル 🕐 11:00～21:00 🌐 katsukura.jp 🚌 巴士於「四条河原町」站下車／阪急電車「河原町」站9號出口寺町通商店街內／地下鐵烏丸線「四条」站1號出口步行約10分鐘

都野菜賀茂

官網　地圖

🏠京都市下京區東洞院通綾小路下る扇酒屋町276 🕐8:00～22:00 🌐nasukamo.net/ 🚇地下鐵「四条」站3號出口步行約1分鐘／地下鐵「烏丸」站19號出口步行約2分鐘

進々堂

官網　地圖

🏠京都市中京區三条通河原町東入ル中島町74番地ロイヤルパークホテル ザ 京都 1F 🕐7:30～20:00（最後點餐19:00）、早餐7:30～11:00 🌐www.shinshindo.jp/ 🚇地下鐵「三条京阪」站沿三条通步行約5分鐘／巴士於「河原町三条」站下車

每一款菜都會寫上由哪個農家出品，大家可以安心食用

　　想吃到最道地京都產的野菜，可以來都野菜用餐，只要550日圓就可以滿足味蕾。都野菜提供了550日圓吃到飽早餐，全部使用他們合作的農家蔬菜，真正的京都產野菜一般在外面都賣得很貴，這裡卻可以吃個夠。店家解釋他們為什麼叫「都野菜」，而不是「京野菜」，原因是「都野菜」才是真正京都種植的蔬菜，而「京野菜」就不一定，可以是別的地方出產，只是一個品種而已。

　　進々堂是一間不錯的早餐店，這裡不是提供野菜而是麵包，而且麵包非常有名，很多人都是慕名而來。他們在京都內有多間分店，所以不怕找不到，或許有一間就在你的飯店附近。進々堂於1913年開業，算是百年麵包老店，可以買回去飯店吃，也可以在他們的餐廳內享用。他們有提供吃到飽的麵包籃（註明 Bread Basket 的套餐就有，但不是每家分店都有），胃口小的朋友也可以點一般套餐來吃。

最簡單的麵包、牛奶、沙拉和奶油湯，只要720日圓起

溫野菜是一間涮涮鍋店，在日本有好多分店，他們最讓人喜愛的是全部使用國產的蔬菜。店家提供了不同價目的吃到飽涮涮鍋套餐，以所點的肉的等級來決定價格。這裡無論是菜和肉都要跟職員下單，每家店的湯頭都有些不同，有時也會推出季節限定口味，而每個鍋都可以選兩種湯頭。

しゃぶしゃぶ溫野菜
しゃぶしゃぶ溫野菜

官網　　　地圖

京都市中京區河原町蛸藥師東側塩屋町324古城ビル地下1F 11:30～23:00（平日15:00～17:00休息）www.onyasai.com/ 地下鐵「烏丸」站沿四条通步行約10分鐘／巴士「四条河原町」站下車／阪急電車「河原町」站5號出口步行約5分鐘

菜單都有照片，外國人不懂日語也可以點菜

三嶋亭於明治6年創業，超過140年歷史，是百年老店之一，同時也是京都數一數二的壽喜燒老舖（すき燒き）。他們始祖三嶋兼吉遠赴橫濱學習如何製作「牛鍋」，回到京都後仍不斷研發，最後研製出他們獨特的烹調方式。三嶋亭嚴選日本黑毛和牛，牛肉的雪花分佈均勻，在燒烤時會散發出油脂的香氣。想吃便宜一點的壽喜燒，可到高島屋店或大丸店，那裡有一些比較便宜的套餐，不用3000日圓，肉質也是不錯。

三嶋亭

官網　　　地圖

京都市中京區寺町三条下る（本店）11:00～20:30 星期三 www.mishima-tei.co.jp/ 地下鐵「三条」6號出口或「京都市役所」站步行約10分鐘／阪急京都線「河原町」站9號出口步行約5分鐘／巴士於「河原町三条」站下車

高島屋和大丸店推出的すき燒膳 2484 日圓

梅體驗專門店 蝶矢
梅体験専門店 蝶矢

官網

地圖

體驗預約

「蝶矢」這個品牌，英文名字是「CHOYA」，這是一個非常有名的梅酒品牌，他們為了把梅子文化推廣到年輕族群，所以在京都開始了「蝶矢」梅體驗專門店，可以自己DIY製作梅酒，如果不喝酒的話可以選擇製作梅子糖漿。不過，體驗班要事前預約，而且沒有英語或中文講解，對於遊客來說可能有點困難。如果預約不到或者又怕聽不懂日文，可以來這裡喝一杯用梅子和梅子糖漿做的冷熱飲品，冷飲更內含一顆完熟的南高梅呢！

🏠 京都市中京區六角通堺町東入堀之上町108 CASA ALA MODE ROKKAKU 1F

🕙 10:00～19:00

📅 12月31日至1月1日

🌐 www.choyaume.jp/

🔗 體驗預約https://airrsv.net/choya-umetaiken-kyoto/calendar

🚇 地下鐵「烏丸御池」站5號出口步行約7分鐘／地下鐵「四條」站走到阪急「烏丸」站的18號出口步行約8分鐘

1 梅子糖漿混入蘇打水再加一顆梅子，夏天來喝很消暑 2 體驗班最多6人 3 這是準備好的做梅酒材料 4 製成品

OMO Café

地圖

　　OMO café 開在一幢老建築內，本來是一幢町家建築，是一所石造的倉庫。這裡把法式料理與和式料理結合起來，廚師使用法式的烹調方法，用來自錦市場的日本新鮮食材，再搭配一點日式的烹調方式，最後利用和風的餐具上桌，毫無違和感。這裡晚上人潮絡繹不絕，很多客人都訂滿了個室，有時還得在外面等位。他們的釜飯是招牌菜，第二就是米飯套餐，很多女士都愛點這款。

2

1 人氣菜式おもぱふぇ　**2** 米飯套餐的前菜　**3** OMO Café 米飯套餐，中餐和晚餐都有

🏠 京都市中京區錦小路通麩屋町
　　上ル梅屋町499

🕐 11:00～22:00

🚪 星期三

🚌 地下鐵「四条」站向錦市場方
　　向步行約10分鐘／阪急京都線
　　「河原町」站9號出口步行約5
　　分鐘

新手路線

- ① 進々堂
- ⑤ 京都BAL
- ⑦ 鴨川
- ② 錦天滿宮
- ④ 錦大安
- ③ 錦市場
- ⑥ 喫茶ソワレ
- ⑨ 名代とんかつ かつくら
- 河原町
- ⑧ niki niki
- ⑤ 高島屋

- 📷 中京郵局
- 📷 六角堂
- 🎁 八百一本館

賞櫻/賞楓 私房提案

- ③ 京都御苑
- ④ 一保堂茶舖
- ⑥ 京都漫畫博物館
- ⑤ GYOZA OHSHO
- ⑦ 梅體驗專門店 蝶矢
- ② Weekender Coffee
- ⑧ 六傳屋
- ⑨ Elephant Factory Coffee
- ① 都野菜 賀茂 烏丸店

- 🎁 CHOYA 梅體驗專門店 蝶矢

堺町通　柳馬場通　麩屋町通

蛸藥師通

- 玉子燒 三木雞卵 🍴
- OMO ca 🍴
- かき屋錦・だいやす 牡蠣屋錦大安 🍴
- 有次
- 🎁 錦市場
- 🍴🍴 打田漬物　Snoopy茶屋
- 🎁 京丹波 錦市場本

- 🍴 名代とんかつ かつくら
- 🚉 烏丸
- 🍴 都野菜 賀茂 烏丸店

進階路線

- ③ Maison de Frouge メゾン・ド・フルージュ
- ⑤ ⑥ 八百一本館
- 六角堂
- ⑨ 天丼まきの
- ④ 瓢斗
- ② 錦市場
- ② 錦天滿宮
- ⑧ 新京極商店街/寺町商店街
- 河原町
- 🚉 烏丸
- ⑦ 辻利 京都店 Tsujiri Kyotomise
- ① 都野菜 賀茂 烏丸店

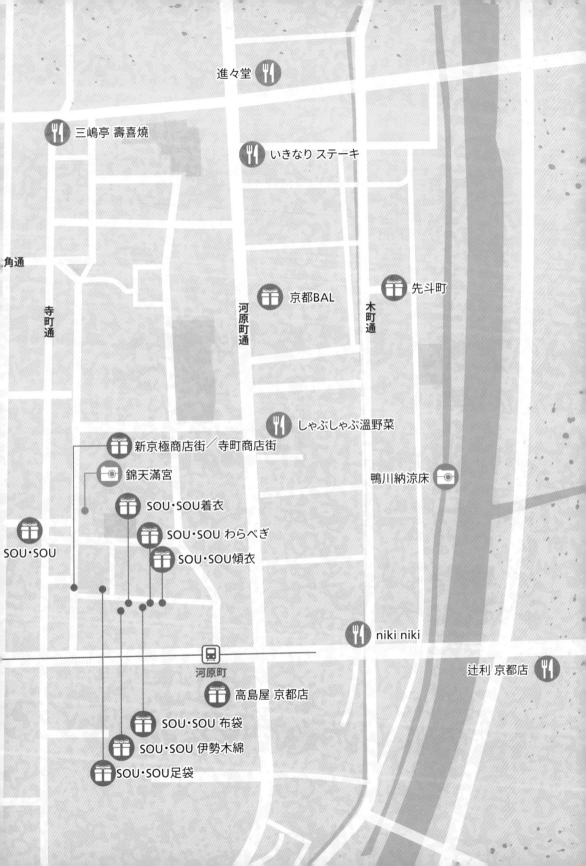

進々堂

三嶋亭 壽喜燒

いきなり ステーキ

角通

寺町通

京都BAL

河原町通

先斗町

木町通

しゃぶしゃぶ温野菜

新京極商店街／寺町商店街

鴨川納涼床

錦天滿宮

SOU・SOU着衣

SOU・SOU わらべぎ

SOU・SOU

SOU・SOU傾衣

niki niki

辻利 京都店

河原町

高島屋 京都店

SOU・SOU 布袋

SOU・SOU 伊勢木綿

SOU・SOU足袋

新手路線

START

住宿飯店
出發

步行

9:00
進々堂
P.204

或從京都站搭 205 號或 17 號巴士
於「河原町三条」站下車,車程約 20 分鐘
再步行約 1 分鐘

早餐

購物

步行約 5 分鐘

步行

13:00
購物:河原町一帶 (高島屋、BAL)
P.197、200

下午茶

15:30
喫茶 ソワレ
P.62

步行

步行

16:30
鴨川散步
P.194

10:00
錦天滿宮
P.193

步行約 7 分鐘

步行

 午餐

10:30
錦市場散步
P.189

步行約 3 分鐘

12:00
錦大安吃牡蠣
P.192

18:00
名代とんかつ かつくら
四条東洞院店
P.203

17:15
niki niki
202

步行

晚餐

進階路線

START

住宿飯店
出發

步行／巴士／地鐵
（從住宿飯店位置出發而定）

9:00
都野菜賀茂
P.204

早餐

18:00
新京極商店街／寺町商店街
P.196

伴手禮

步行約 5 分鐘

晚餐

19:00
天丼まきの
P.79

步行約 20 分鐘

甜點

17:00
辻利
P.203

16:00
八百一本館
P.197

步行約 20 分鐘

步行

10:00
錦市場、錦天滿宮散步
P.189、193

步行約 11 分鐘

12:15
Maison de Frouge
メゾン・ド・フルージュ
P.41

步行約 7 分鐘

午餐

13:30
瓢斗
P.81

步行約 1 分鐘

15:00
六角堂
P.195

步行約 2 分鐘

賞櫻／賞楓私房提案

START

住宿飯店
出發

步行／巴士／地鐵
（從住宿飯店位置出發而定）

早餐

9:00
都野菜賀茂
P.204

步行約 10 分鐘

咖啡

10:00
Weekender
Coffee
P.50

櫻花／楓葉
季節

搭 205、17 號巴士於「荒神口」站下車
車程約 5 分鐘，再步行約 13 分鐘

11:00
京都御苑散步
P.172

步行約 18 分鐘

17:00
蝶矢
P.206

如果成功預約
製作梅酒，
可按情況更改行程

步行約 14 分鐘

晚餐

18:00
六傳屋
P.74

步行約 11 分鐘

15:45
京都漫畫博物館
P.173

步行約 7 分鐘

20:15
Elephant
Factory Coffee
P.49

咖啡

步行約 3 分鐘

13:00
一保堂茶舖 本店
P.60

午餐

茶室及伴手禮

步行約 15 分鐘

14:30
GYOZA OHSHO
P.176

銀閣寺・平安神宮周邊

銀閣寺和平安神宮（ぎんかくじ）一帶已經遠離了市區，轉換到一個綠意盎然的地區。這裡是散步的好地方，除了有數家知名的神社寺廟外，還有令人悠閒自得的蔦屋書店，更有美術館、動物園等。每到秋天和櫻花時節，也是大家賞楓賞櫻名所，加上附近的咖啡店和茶亭，是個放鬆身心的好選擇！

要前往這一帶，可從京都站乘坐 100、102、203 及 204 號巴士前往，而 100 號巴士也會行經清水寺，因此可考慮安排於同日行程。

銀閣寺
ぎんかくじ

銀閣寺建於延德 2 年（1490 年），本名為「慈照寺」，由室町幕府第 8 代將軍足利義政所興建，山號為東山，於 1994 年獲聯合國教科文組織指定為世界文化遺產。銀閣寺雖然和金閣寺一樣由足利家族所建，但銀閣寺興建之時，是足利義政無力平定戰亂的時候、在 1473 年辭去將軍一職後才開始興建，而金閣寺則在足利家興盛之時所建。因為戰後一片蕭條，因此銀閣寺使用比較低調的建築風格，平淡而且樸素，與金閣寺耀眼奪目的方式差別很大。不過，銀閣寺確是參照金閣寺而建成的，只是最終因為財政不是很好，而放棄鋪上銀箔。

官網　地圖

🏠 京都市左京區銀閣寺町2

⏱ 夏季3月1日～11月底8:30～17:00、冬天12月1日～2月底9:00～16:30

🏠 無休

💼 成人、高校生500日圓；中小學生300日圓

🌐 www.shokoku-ji.jp/ginkakuji/

🚌 在京都站前的巴士總站，搭100、102、203、204號巴士於「銀閣寺」站下車

在枯山水庭園的銀沙上，有一座白沙堆成的向月台，據說在滿月的時候，可以將月亮返照入閣。

銀閣寺的建築，以淡雅樸素為主題，本殿只塗上黑漆，讓人有一種枯淡、寧靜的感覺。境內都以迴遊式庭園的風格，擁有枯山水，以錦鏡池為中心，這構造跟金閣寺一模一樣。底層是普通住宅風格的心空殿，第二層則是仿唐的禪宗式風格佛殿潮音閣，頂部跟金閣寺一樣以塔式設計。

什麼是枯山水？

這是日式園林的風格，細沙碎石鋪地，再加上一些疊放有致的石頭，組成微型的園林景觀。由於枯山水中沒有水，所以會利用砂石來表現，用細小的砂子在地上畫上紋路代表水的流動；而山的景觀會用大的石塊來表現。

哲學之道是「日本の道百選」選定的散步道，兩旁種滿櫻花

　　哲學之道就在銀閣寺附近，名字的由來，是因為有位哲學家西田幾多郎經常在此道上沉思散步，因而得名，並於 1972 年正式將這條散步道命名為「哲學之道」。整條步道由銀閣寺開始至若王子橋，順著琵琶湖的疏水道，全長大約 2 公里連接著南禪寺。這裡也是賞櫻名所之一，兩旁種了 500 株「關雪櫻」，這種櫻花由京都畫壇有名的橋本關雪的夫人在此栽種，而她所種的就是著名的「染井吉野」櫻花樹。

地圖

🏠 京都市左京區鹿ケ谷法然院西町 🚏 在京都站前的巴士總站，搭 100、102、203、204 號巴士於「銀閣寺」站下車

下車後就馬上看到這個全日本最大的朱紅色鳥居，高 24.4 公尺

相對京都大部份古老建築，平安神宮的歷史並不是很悠久，當年是為了紀念平安遷都平安京 1100 年所建，於明治 28 年（1895 年）建成，只有百多年的歷史。當時也是為了祭祀第一任第 50 代桓武天皇和最後一任第 121 代孝明天皇。神社的建築中，有一部份是仿效平安時代的皇居而建，不過在規模上就沒有那麼大，只有原建築的三分之二。而神宮內有一座庭園神苑，入場費是 600 日圓，春天可看到垂枝櫻盛開，也是京都的賞櫻名所之一。在每年的 10 月 22 日，平安神宮會舉行時代祭（請見 P91），是京都的三大祭之一，雖然歷史不長，但主題是重演以前京都的生活與風俗，場面也相當盛大，很值得參加。

官網　　　　地圖

🏠 京都市左京區岡崎西天王町97 🕐 6:00～18:00 💰 成人600日圓、兒童300日圓 🌐 www.heianjingu.or.jp 🚏 在京都站前的巴士總站，搭100號巴士於「京都会館美術館前」站下車

京都市美術館
京都市京セラ美術館

| 官網 | 地圖 |

🏠 京都市左京區岡崎圓勝寺町124
🕐 10:00～18:00 📅 星期一、12月
28日至1月2日 🚪 因各展覽而異 🌐
kyotocity-kyocera.museum 🚌 在京
都站前的巴士總站，搭100號巴士
於「京都会館美術館前」站下車

蔦屋書店
京都岡崎店

| 官網 | 地圖 |

🏠 京都市左京區岡崎最勝寺町13
ロームシアター京都パークプラザ
1F 🕐 8:00～20:00 🌐 real.tsite.jp/
kyoto-okazaki/ 🚌 在京都站前的巴
士總站，搭100號巴士於「京都会
館美術館前」站下車

在紅色大鳥居旁，是西洋味濃厚的京都市美術館，位於岡崎公園內，1933年開幕，是日本第二大規模的公立美術館。這裡收藏了明治以來以京都為中心的近現代美術品，包含日本畫、西洋畫、雕刻、工藝、書、版畫等約二千多件作品，收藏量在全國是數一數二，也有很多大型美術展覽在此舉行。除了常設展外，也不時舉辦企畫展和公募展，市民可以在這裡看到國內外的不同展品。

蔦屋書店的代官山店，當年是大家的注目話題，因為他們打破了一般書店的框架。2016年蔦屋書店在京都平安神宮附近開店，承襲了代官山店設計師前川國男「融入在地」的設計理念，不帶給附近環境太多負擔，樸實地存在於宙都境內。這裡有為外國人開設的免稅櫃檯，也有星巴克和餐廳 Modern Terrace，把閱讀和生活緊扣起來。

 旅人手帖

蔦屋書店是「ROHM Theatre Kyoto」的一部份

蔦屋書店的建築為「ROHM Theatre Kyoto」，那是在60年代興建的「舊京都會館」，是現代主義風格的建築。在2011年經過翻新後，現在變成了「ROHM Theatre Kyoto」，是一個可以容納2000人左右的 Hall。而在「ROHM Theatre Kyoto」前的和式建築，則是京都市美術館的別館。

東天王岡崎神社

官網　地圖

　　岡崎神社又稱為「兔子神社」，因為境內連守護獸都是兔子。這裡建於西元 794 年（延曆 13 年），供奉了速素盞嗚尊、櫛稻田媛命、三女五男八柱神三神。當地人認為兔子為神的使者，原因是這裡一帶是野兔的棲息地，而兔子又有多產之意，加上供奉了安產之神「三女五男八柱神」，高倉天皇曾在神社祈求宮中的安產順利，所以這裡又有「求子、安產」的說法。

1 2 他們推出的兔子籤在不同時間都有不同形態 3 安產繪馬 4 因為兔子是神的使者，所以守護獸用的是狛兔而不是狛犬

🏠 京都市左京區岡崎東天王町51番地

🕘 9:00～17:00

🌐 okazakijinja.jp/

🚌 搭32號、93號、203號、204號巴士在「岡崎神社前」站下車

永觀堂
永観堂

官網　　　地圖

🏠 京都市左京區岡崎永観堂町48番地 ⏰ 9:00～17:00 💰 成人600日圓、學生400日圓 🌐 www.eikando.or.jp/ 🚌 在JR京都車站搭5號、100號巴士在「南禪寺永観堂道」站或「東天王寺」站下車步行約3～8分鐘／地下鐵東西線「蹴上」站下車步行約15分鐘

南禪寺
南禅寺

官網　　　地圖

🏠 京都市左京區南禪寺福地町 ⏰ 8:40～17:00（12～2月提早16:30關門）💰 12月28日～31日 💰 南禪院成人400日圓、高校生350日圓、中小學生250日圓；方丈庭院及三門成人600日圓、高校生500日圓、中小學生400日圓 🌐 www.nanzen.net/ 🚌 JR京都車站搭5號、100號巴士在「南禪寺永観堂道」站或「東天王寺」站下車步行約1分鐘／地下鐵東西線「蹴上」站1號出口下車步行約10分鐘

永觀堂是賞楓名所，在日本更有「もみじの永観堂」（紅葉的永観堂）的稱號。在本堂內，安置了阿彌陀如來，這尊佛相當有名，特別之處在於佛像的臉並不是看著前方，而是向著後方的，稱為「回望阿彌陀佛」。在賞紅葉的季節，這裡更會有晚間點燈項目，晚上賞楓別有一番味道。

賞楓名所

南禪寺同樣是京都市內的賞楓名所，因為就在永觀堂附近，大部份人都會安排兩個景點一起去。這裡的氣氛很不一樣，範圍很大，包括了方丈庭園、方丈、三門、水路和南禪院等。在境內有一座特別的水路閣，它的風格跟境內的和式建築很不同，很有歐風味道，因為參考了古羅馬時代的水道橋。水路閣是古時的一座水道橋，當時的人利用它將琵琶湖的水送到京都。

水路閣

賞楓名所

這條鐵道並非火車行走的鐵道，而是位於琵琶湖疏水道近南禪寺的一段路軌，這裡因為高低落差使得船隻無法順利前行，因此而建造了專門用來載運這些船隻的台車及專用路軌。這鐵道的日本名稱為インクライン，這是來自英文的 incline。蹴上傾斜鐵道在春天是賞櫻名所，路旁的櫻花配上鐵道，是另一番景緻。

琵琶湖的疏水道於明治 23 年（1890 年）建成，流經南禪寺和平安神宮一帶，曾經是京都的一條很重要的疏水道，有著航行、灌溉和發電多種重要功能，也是推動京都發展的一項十分重要的工程。時至今日，雖然不再使用船隻運輸，不過為了紀念這項曾經對京都人如此重要的工程，於是就興建琵琶湖疏水記念館，保存許多珍貴的資料，讓民眾知道這項工程的艱苦。

蹴上傾斜鐵道

地圖

⌂ 京都東山區東小物座町339
🚇 地鐵「蹴上」站步行約10分鐘

琵琶湖疏水
記念館

官網　　　　地圖

⌂ 京都市左京區南禪寺草川町17
🕐 9:00～17:00（最後入館時間16:30）🎫 免費 🌐 biwakososui-museum.jp/ 🚇 地鐵「蹴上」站步行約7分鐘／市巴士5號於「岡崎法勝寺町」站下車步行約4分鐘／市巴士京都岡崎ループ「南禪寺‧疏水記念館‧動物園東門前」站

京都市動物園

| 官網 | 地圖 |

🏠京都市左京區岡崎法勝寺町岡崎公園 🕐3～11月9:00～17:00、12～2月9:00～16:30 🚫星期一（如遇假期則翌日休）及年末年始 💰16歲以上750日圓、15歲以下免費 🌐www5.city.kyoto.jp/zoo/ 🚌搭5號、100號巴士於「動物園正門前」站下車／或其他可到達岡崎公園的巴士

真如堂

| 官網 | 地圖 |

🏠京都市左京區 土寺真如町82 🕐9:00～16:00 💰成人500日圓、高校生500日圓、中學生400日圓 🌐shin-nyo-do.jp 🚌JR京都車站搭5號巴士在「真如堂前」站下車步行約6分鐘

　　全日本最古老的動物園應該是東京的上野動物園，而關西的代表，就是全日本第二間動物園的「京都市動物園」了。這裡於1903年開幕，現在已有過百年的歷史，也是百多年來京都人的重要親子園地。這裡分成6個區域，包括：大象森林、京都森林、猛獸世界，非洲草原、猿猴世界和交流廣場。

　　真如堂的正式名稱為「真正極樂寺」，這裡的阿彌陀如來立像是京都六大阿彌陀佛之一，同時也是日本的重要文化財，相當珍貴。這尊阿彌陀如來立像，只會在每年的11月5日至15日中的「十夜大法要」最後一天，才會公開給大家看到。除了這尊珍貴的佛像外，真如堂也是賞楓名所，秋天的銀杏樹相當有名，吸引許多人在秋天時前來。真如堂的庭園遠近馳名，園內借景東山三十六峰的枯山水庭園「涅盤庭」，吸引不少遊客前來觀賞。

吉田神社節分祭

吉田神社在立春「節分」的 2 月 2 日至 4 日這段時間，也是春天的開始，會舉行非常盛大的節分祭，這裡會變得十分熱鬧！由於日本傳統思想認為季節轉換時分容易產生邪氣，所以驅除惡靈、疾病或災禍的儀式，都會在節分時間進行。吉田神社的節分祭規模最大也最熱鬧，整個祭典為期 3 天。第一天會有「疫神祭」和「追儺式」，追儺式的時候會有紅鬼、藍鬼和黃鬼出來，是一個驅鬼儀式。第二天高潮是「火爐祭」，屆時一座直徑 3 米、高約 5 米的大型火爐會照亮夜空，而第三天訪客還可買到梔色（橙色）的御守。

地圖

🏠 京都市左京區吉田神楽岡町30番地 ⏰ 9:00～16:30 🌐 www.yoshidajinja.com/ 🚌 於京都車站乘206號巴士，於「京都正大前」下車，步行6分鐘

南禪寺 順正

京都豆腐的御三家之一，就是南禪寺順正，南禪寺隱身於京都兩家古老豆腐店，另一家是奧丹（詳見 P78）。順正在 1893 年創業，雖然都是做豆腐料理，不過跟奧丹不一樣，他們主打的是湯葉，即是豆乳加熱後，因為最上面比較受涼而形成的一塊腐皮。客人可以在店內享用到自己親手製作的湯葉，一片一片的吃，實在美味。

官網　　　地圖

🏠 京都市左京區南禪寺草川町60 ⏰ 11:00～21:30（最後點餐時間20:00）🏠 不定休 🌐 www.to-fu.co.jp/ 🚌 JR京都車站搭5號巴士在「南禪寺永観堂停留所」站下車步行約10分鐘／地下鐵東西線「蹴上」站1號出口下車步行約5分鐘

哲學之道 **4** **2** 銀閣寺
Café GOSPEL **3**

🚉三条

5 河原町

1 **5** 京都車站

新手路線

東大路通

2 平安神宮
蔦屋書店京都岡崎店 **3**
Blue Bottle Coffee **5** **4** 湯豆腐
南禪寺 順正

三条🚉
蹴上傾斜鐵道 **6**
蹴上🚉

7 河原町

蔦屋書店 京都岡崎店 🎁

三条白川Tassel Hotel 🛏

1 **7** 京都車站

進階路線

東山🚉

平安神宮　②

蔦屋書店京都岡崎店　③

永觀堂　⑥

湯豆腐南禪寺　順正　④　⑤

三条🚉

蹴上🚉　南禪寺

哲學之道📷

銀閣寺📷

銀閣寺
賞楓提案

① 京都車站

真如堂📷

東天王岡崎神社📷

白川通

丸太通

平安神宮📷

永觀堂📷

二条通

京都市美術館📷

京都市動物園📷

琵琶湖疏水記念館📷

湯豆腐🍴
南禪寺　順正

南禪寺📷

蹴上🚉

蹴上傾斜鐵道📷

新手路線

9:00
京都車站
P.115

START

於京都站前的巴士總站
搭 100、102、203、204 號巴士於「銀閣寺」站下車
車程約 30 分鐘,再步行約 8 分鐘

10:00
銀閣寺
P.217

午餐

12:30
Café GOSPEL
P.68

步行約 5 分鐘

晚餐

14:30
河原町
P.188

步行約 3 分鐘

賞櫻名所

在「銀閣寺前」站搭 17 號或 5 號巴士
於「四条河原町」站下車,車程約 20 分鐘

晚餐

在「銀閣寺前」站搭 17 號或 5 號巴士
於「京都」站下車,車程約 30 分鐘

13:30
哲學之道散步
P.219

14:30
京都站
P.115

進階路線

START

10:00
平安神宮
P.219

9:00
京都車站
P.115

在京都站前的巴士總站,搭 100 號巴士
於「京都会館美術館前」站下車
車程約 21 分鐘,再步行約 6 分鐘

步行約 6 分鐘

晚餐

18:00
河原町
P.188

地鐵「蹴上」站搭東西線
於「京都市役所前」站下車
車程約 5 分鐘
再步行約 10 分鐘

12:15
蔦屋書店
P.220

地鐵「蹴上」站搭東西線
於「烏丸御池」站轉乘「烏丸」站
於「京都」站下車
車程約 12 分鐘

晚餐

18:00
京都站
P.115

步行約 17 分鐘

賞櫻名所

16:15
蹴上傾斜鐵道
P.223

午餐

下午茶

步行約 6 分鐘

步行約 1 分鐘

13:30
南禪寺 順正
P.225

15:00
Blue Bottle Coffee
P.51

銀閣寺賞楓提案

START

**9:00
京都車站**
P.115

在京都站前的巴士總站
搭 100 號巴士於「京都会館美術館前」站下車
車程約 21 分鐘,再步行約 6 分鐘

推薦欣賞夜楓,如欣
賞夜楓則可晚一點才
出發到平安神宮

**10:00
平安神宮**
P.219

**16:15
永觀堂賞楓**
P.222

步行約 6 分鐘

步行約 6 分鐘

**11:30
蔦屋書店**
P.220

**14:15
南禪寺賞楓**
P.222

午餐

步行約 17 分鐘

步行約 4 分鐘

**12:30
南禪寺 順正**
P.225

嵐山周邊

離開了京都市中心，大概坐 16 分鐘的火車，就可以到達充滿山水之美的嵐山（あらしやま）。現在指的嵐山是 JR 嵯峨嵐山站至阪急嵐山線嵐山站之間的範圍，不過，嵐山本來就是指京都市京西區的一座高山，高 381 公尺，和對岸的小創山被保津川分隔，而河的對岸，是屬於右京區名為嵯峨野。據說平安時代的王公貴族就很喜歡來嵐山遊覽，因此日本古典文學《源氏物語》有很多寫出了皇室在此地活動的情況。在春秋兩季，嵐山除了是文學名著的背景場地，同時也是賞楓和賞櫻名所，街道上總是擠得水泄不通。

🚃 JR「京都」站搭JR山陰本線往嵯峨野「嵐山」站。如搭JR從「大阪」站到「京都」站轉乘，則不需要出閘，直接在月台上轉車即可

🚃 「河原町」站或「烏丸」站，搭阪急京都線往「桂」，再轉嵐山線列車到「嵐山」站。

嵯峨野
トロッコ小火車

來嵐山規劃日歸小旅行的話，嵯峨野的トロッコ小火車絕對是旅程的開端。在 1991 年開始運行的トロッコ小火車，路線全長約 7.3 公里，會分別停靠トロッコ亀岡、トロッコ保津峽、トロッコ嵐山和トロッコ嵯峨野四個車站，行畢全程約需 25 分鐘。無論四季，這條觀光火車路線都是旅客愛訪之選，尤其是春秋兩季，在車上悠閒地細看沿途的粉櫻或紅楓，美不勝收。

觀光列車是採用 DE10 系的柴油機車車頭牽動，時速約 25 分里，一天共來回 8 班，每班列車設有 5 個車廂，最多可乘坐 312 人，懷舊的木系色調與木色坐椅，讓人恍如重回昔日時光之中，多了幾分古早味道。

官網　　　　地圖

🏠 京都市右京區嵯峨小倉山田
　　淵山町4-2

🕐 3月1日～12月29日

🎫 成人880日圓、兒童440日圓

🚪 星期三（如當日為公眾假期
　　則翌日休息）、3月1日。日
　　本黃金周、暑假及部份星期
　　三無休，可預先到官網查詢
　　行駛日程表

🌐 www.sagano-kanko.co.jp/tc/

開放式車廂最方便欣賞風景

　　每逢經過一些有名的景點，車長都會故意把列車開慢一些，好讓乘客有寬裕的時間拍照留念，大多有名景點都在左手邊，建議大家上車時盡量選擇左方坐位。在小火車上也有兩個有趣的慣例；第一個是當到了保津川，遇上河裡的激流船時，車上的乘客都會有往下揮手的慣例；第二個是從出發開始，車長就會拿起麥克風為乘客介紹沿途景點，在快到達嵐山站時，他還會唱起日本的歌謠，讓乘客們的情緒高漲起來，非常有趣。

 旅人手帖

如何購買車票？

1. 若是想買指定席的朋友，建議在出發前幾天，親自到訪 JR 西日本的綠色窗口或 TICKETOFFICE 購票，最多可提早一個月購買。
2. 若是不介意「立席券」的朋友，則可當日才到車站選購，不過數量並不多，而且主要是安排在 5 號車廂。注意，當日券只限在トロッコ亀岡、トロッコ嵐山和トロッコ嵯峨野站才能買到。
3. 票價分為成人 880 日圓、兒童 440 日圓兩種，中學生是成人票價。
4. 若是中途下車者，須重新購票。
5. JR Rail Pass 或 Surutto Kansai 周遊券不適用搭乘小火車，須個別購票。
6. 如需要更改乘坐時間者，持預購票者須於出發前一天在任一 JR 購票處辦理換票手續。每張車票限免費更改一次，隨後每次加收手續費 210 日圓。若是當日換票者，須於出售當日券的三個觀光列車車站辦理。
7. 1 至 4 號車廂為密封式車廂，5 號車廂為開放式車廂，喜歡攝影或戶外的朋友建議選擇 5 號車廂。

竹林之道

竹林の道

地圖

　　從小火車下車後，在前往野宮神社與天龍寺的路上，必須先經過這道竹林。這裡的竹林名為野宮竹，也是因為附近的野宮神社而得名，翠綠的竹林曾在電影《藝伎回憶錄》（Memoirs of a Geisha）中，伴隨著女主角章子怡的憂傷側臉，呈現在觀眾眼前。雖然沒有歷史的包裝，竹林卻獨有一種恬靜，讓人自然地走了一遍又一遍。有時候，大家還會在竹林裡遇到坐在古早人力車上的藝伎，打扮得花枝招展地趕著去赴宴的畫面，格外有情調。

🏠 京都市右京區嵯峨野宮町1（野宮神社旁）

🕑 全年無休

💼 免費

🚌 JR山陰本線（嵯峨野線）「嵐山」站或龜岡小火車「嵐山」站下車，步行約8至10分鐘

嵐山 あらしやま

野宮神社

官網

地圖

穿過竹林之道後，盡頭就是因源氏物語而聞名的野宮神社。這裡是《源氏物語》中的一個重要場所，在「賢木之卷」中就提及光源氏來到野宮神社找六條御息所時，所經過的竹林，以及通過的黑木鳥居與翠綠如絲的青苔庭園，就是紫式部筆下的野宮神社。

野宮神社的取名與歷史頗有關係，「野宮」是齋宮在出發到伊勢神宮之前，齋戒沐浴 3 年所待的地方，而「齋宮」則是每當天皇易位時，代替天皇到伊勢神宮進行祭祀的皇室女性，多為未婚的內親王或女王（內親王或親王之女）。雖然野宮的地點每次都不同，卻多設置在嵯峨野地區。嵯峨天皇時的仁子內親王，就將「野宮」建於現在的野宮神社。現在，每年 10 月第三個星期日，神社便會舉辦「野宮神社例祭」和「齋宮行列」（齋宮前往野宮時的隊伍名稱），重現平安時代的浩大儀式。

野宮神社內奉祀著 5 位神明，中央正殿祭拜的是「野宮大神」，代表智慧及健康。與其他木製的賽錢箱不同，野宮大神是由鋁鐵製成，表面還寫上是由台灣人所捐贈。另外，正殿的左邊供奉的分別是「龍神」和「野宮大黑天」，前者專化病痛之苦，後者是祈求締結良緣。

京都市右京區嵯峨野宮町1

全年無休

免費

www.nonomiya.com/index.html

JR山陰本線（嵯峨野線）「嵐山」站或龜岡小火車「嵐山」站下車，步行約10分鐘

 一旁還設有奉納木讓信徒寫上願望，一塊 100 日圓。神社職員會在誦經後，將奉納木燒掉，然後木上的願望就會傳達至神明 ❷ 「大黑天」附近還放著一塊大石，不以為意地忽略了它，後來才知道原來是神石「龜石」，摸一下願望就會成真

如果你搭小火車從龜岡出發，下車後走過竹林，在竹林的出口處，就會看到三忠。三忠把京腐料理變得平民化，只須幾百日圓就可享受到這款京都美食。三忠選用日本產的優質黃豆來製作豆腐，夏天限定的冷奴豆腐很受歡迎，還有濃郁的豆乳、湯豆腐、ごま豆腐（芝麻豆腐）、田樂（將味噌塗在豆腐上再烤）、生湯葉刺身（豆乳煮熱時上面的腐皮）及京都庶民美食鰊魚蕎麥麵。

1 冷奴豆腐 2 生湯葉刺身

京豆庵最具人氣的是豆乳霜淇淋，除了味道，它「屹立不倒」也是受歡迎的原因之一。大家買到了豆乳霜淇淋後，就會馬上倒轉，看看霜淇淋會不會掉下。店家說因為他們使用有機黃豆，而且製作的十分綿密，所以倒轉後也不會掉下來，再加上不用砂糖用寡糖（寡糖可促進腸道健康，而且適合糖尿病人食用），難怪豆乳味超香濃。

地圖

🏠 京都市右京區嵯峨天龍寺立石町2-1 ⏰ 8:00～18:00 🚃 JR「嵐山」站步行約8分鐘

官網　　　地圖

🏠 京都市右京區嵯峨天龍寺立石町2-1 ⏰ 10:00～17:00 🈲 不定休 🌐 www..kyozuan.co.jp/ 🚃 JR「嵐山」站步行約8分鐘

天龍寺

官網

地圖

天龍寺大約在1339年建成,是日本室町幕府第一代征夷大將軍:足利尊氏,為了祭祀醍醐天皇而把原來的龜山殿改建而成,也是臨濟宗天龍寺派大本山的寺院,主要是供奉本尊釋迦如來。想當初,決定要興建天龍寺時,足利尊氏的弟弟足利直義夢中看見金龍飛舞,因此開山後便得「天龍寺」之名。

天龍寺的規模相當大,是京都五山之首,在1994年時於世界文化遺產名單之中佔一席位,只是它也與大多古剎一樣,逃不過戰火的洗禮及歲月的蹉跎,現在所見的天龍寺已是在明治時期所重建的建築物了。

圍繞在天龍寺的「七福神(惠比壽、大黑天、毘沙門天、壽老人、福祿壽、辯才天、布袋)」子院,分別是在表參道上的永明院、慈濟院、弘源寺、松岩寺、三秀院、壽寧院和妙智院,好像只有在特定日子才會開放參拜。不過,寺內還有不少的小景點,例如來福門、選佛場等。

⌂ 京都市右京區嵯峨天龍寺芒
ノ馬場町68

🕐 8:30〜17:00

💼 庭園(曹源池、百花苑)高中生
以上500日圓、中小學生300
日圓;諸堂(大方丈、書院、多
寶殿):有庭園參拜只需300日
圓;法堂「雲龍」500日圓

🌐 www.tenryuji.com/

🚌 京福電鐵嵐山線「嵐山」站下車
／JR嵯峨野線「嵐山」站下車步
行約13分鐘／阪急電車「嵐山」
站下車步行約15分鐘／61、72、
83號京都巴士,於「京福嵐山」
站前下車

＊另設有停車場,一次1000日圓

曹源池

在天龍寺中最受歡迎的觀景處非曹源池莫屬，庭園由夢窗國師所設計，也有人說是取材自龜山行宮的庭園，是日本最早指定的歷史遺跡特別名勝。這裡巧妙地借用了右邊的愛宕山及小倉山、正面的龜山、左邊的嵐山充當背景，以襯托出獨特的日本風情畫。天龍寺的建築物大多是日本明治時代之後重建回來的，就只有曹源池庭園還保留著創建時的面貌，尤其珍貴。

庫裏

建於明治 32 年（1899 年）的庫裏，原先是天龍寺的寺務處，同時也是廚房，後來才演變成住持和家族的起居間。由於原址是廚房用地，所以庫裏的屋頂設有櫓造型的煙囪，非常獨特。而且庫院與方丈室和客堂互相連結，形成一種人字形的屋簷結構，而牆面則呈現出巨大的三角形狀，配合縱橫分割的白牆及曲線橫樑，形成了天龍寺的象徵性景觀。

天龍寺法堂

法堂是住持代佛向僧眾解說佛法的場所，在元治元年（1864 年）曾遭兵火而燒毀，到了明治以後，才將江戶時代建造的雲居庵禪堂（選佛場）遷築於此，成為現在所看見的面貌。

達磨

達磨是當地人認為擁有堅毅不屈精神的存在，而館內所展示的達磨圖就是前館長平田精耕長老親筆所畫的作品，順理成章也成了天龍寺的代言人。寺內的小商店出售的精品不少都印有達磨肖像，有如吉祥物的存在。

嵐山りらっくま茶房

官網　　地圖

🏠 京都市右京區嵯峨天龍寺北造路町15 ⏰ 3月6日～12月5日商店10:00～18:00、餐廳10:30～17:30、外帶10:00～17:30；12月6日～3月5日商店10:00～17:30、餐廳10:30～17:00、外帶10:00～17:00 🏠 全年開放 🌐 rilakkumasabo.jp/ 🚃 JR嵯峨野「嵐山」站步行約9分鐘／京福電鐵「嵐山」站步行約1分鐘／阪急電鐵「嵐山」站步行約12分鐘

渡月橋

地圖

🏠 京都市右京區嵯峨中ノ島町
🚃 從JR「嵐山」站步行約8分鐘

當店限定的蜂蜜商品

りらっくま即是拉拉熊，也是全日本第一間拉拉熊主題的餐廳，於2017年開業。店內一樓是商店和外帶店，外帶部份提供了甜點和飲料，當然是拉拉熊為主題；商店有結合京都傳統工藝「西陣織」和拉拉熊的相關小物雜貨，也有當店限定的商品，每天都擠得水泄不通。至於2樓是拉拉熊茶房，提供以拉拉熊為主題的健康餐點，還有各種可愛造型點心。

渡月橋大約在平安時代建成，由道昌和尚建造的木橋，當時稱為「法輪寺橋」，後來在600年後的應仁之亂遭到破壞。現在看到的渡月橋是在江戶時代時重建，但為了保護這裡的傳統氣息，就使用原本渡月橋的設計。

渡月橋曾經在1934年中間加建了可讓汽車行走的鋼骨橋樑，但沒有破壞到它的古典味道。整條渡月橋全長250公尺，連接中之島，在橋上可欣賞到嵐山，春天時兩旁開門櫻花甚為震撼。而渡月橋位於保津川之上，而保津川和渡月橋同時獲選為「天龍寺十景」中其中二景。

旅人手帖

渡月橋一名的由來

「渡月橋」一名的由來，是因為當時的龜山上皇在渡橋時看到橋身與水中倒映合一（1259～1274年，他退位後仍在世，所以稱為「上皇」），好像走過明月一樣，因此稱這裡為「渡月橋」。

嵐山公園

嵐山公園是賞櫻、賞楓的名所，公園內設有幾位文學家的詩碑，附近又有周恩來的詩碑，充滿詩情畫意。要到嵐山公園，從竹林之道及保津川下船處走過去，從 JR「嵐山」站出發大概走 12 分鐘，走過渡月橋就會看到。如果搭阪急電鐵前往就比較近了。這裡又名「龜山公園」，因為安放了三位天皇的火葬塚，包括了在渡月橋提及的龜山上皇。

如果從保津川搭遊船的話，就會在嵐山公園上岸

地圖

⌂ 京都市右京區嵯峨龜ノ尾町6
🚌 JR「嵐山」站步行約12分鐘

嵐山花燈路

每年的 12 月，在嵐山會舉行嵐山花燈路，晚上會在嵐山點燈，燈光打到山上，像是漆黑中有一顆顆寶石在發亮，很是浪漫，因此那個時段會有好多人慕名前往。

嵐電嵐山站足湯
嵐電嵐山駅の足湯

官網　　　　地圖

嵐電這種設於站內又收費的足湯，在日本實屬罕見，九州由布院也有一個，但仍屬於少數。嵐電這個足湯於 2004 年設立，引入了獲溫泉法認可的正宗嵐山溫泉水。這裡的泉溫大約是 35.2 度，不是太熱，泉質是屬於低張弱鹼性單純泉，對治療神經痛、筋肉痛、慢性消化器官等疾病有舒緩的作用。走一天嵐山如果覺得有點疲累，可以在這裡泡 15 分鐘，促進血液循環，特別在冬天時可以讓整個人暖呼呼呢！

⌂ 京福電鐵嵐電「嵐山」站月台
🕐 9:00～18:00（冬季至18:00），19:30接待處關閉 💰 成人250日圓、兒童120日圓 🌐 www.kyotoarashiyama.jp/

嵯峨野湯

官網　　　　地圖

嵯峨野湯從前就是一個澡堂，建於大正 12 年，在經營 80 多年後，店主選擇以不同的方式來保留澡堂文化，從巴黎帶來許多古董家具，將澡堂變得更年輕，把這裡改建成一間富有歐式味道的餐廳。嵯峨野湯每天午餐時間都要排隊等位，不只有午餐的食物令人回味，pancake 也是做得不錯，下午茶時段人人都會點一份。

🏠 京都市右京區嵯峨天龍寺今堀町4-3

⏰ 11:00～18:00（最後點餐時間17:30）

🌐 www.sagano-yu.com/

🚊 JR嵯峨野「嵐山」站步行約1分鐘／京福電鐵嵐電「嵯峨」站步行約30秒

嵐山電鐵是「京福電氣鐵道」的其中一條路線，行走「四条大宮」至「嵐山」或「北野白梅町」的一段路，稱為「嵐山本線」，不過大家都通稱為嵐電。嵐電在明治 43 年（1910 年）開業，已有上百年的歷史，也因此列車和路線都充滿明治、大正及昭和時代的懷舊味道。整條路線都是均一價車費，無論任何站上下車都是 250 日圓（嵐電有提供嵐電 1 日券 700 日圓）。如果是櫻花季節前來，可考慮從京都市區「四条大宮」站坐過來，因為這條路線是一條不錯的賞花路線。

官網

⏰ 行走時間：6:00～24:00 🚃 均一價210日圓、嵐電1日フリー切符（嵐電1日券）700日圓，嵐電一日券發售處：四条大宮、帷子ノ辻、嵐山、北野白梅町車站 🌐 randen.keifuku.co.jp

---

Platz 是一家專賣生活雜貨的店舖，從前主打以和風座墊為主，因為日本人都習慣使用榻榻米，他們從明治 20 年（1887 年）就開始以手工製作座布團，所以很受這一帶的居民喜愛。此外，店內也有引入不少簡約風的生活雜貨，款式都是讓人感覺很溫暖的設計。

官網　　　　地圖

🏠 京都市右京區嵯峨天龍寺造路町5 ⏰ 10:00～19:00 🛌 星期四 🌐 www.kyoto-platz.jp/ 🚉 JR嵯峨野「嵐山」站步行約3分鐘／京福電鐵嵐電「嵯峨」或「嵐山」站步行約3分鐘

竹乃店
いしかわ

官網　　　地圖

🏠 京都市右京區嵯峨天龍寺造路町35 ⏰ 10:30～17:30（週末、節假日至18:00）🌐 www.takenomise.com/ 🚃 JR嵯峨野「嵐山」站步行約10分鐘／京福電鐵「嵐山」站步行約1分鐘／阪急電鐵「嵐山」站步行約12分鐘

竹乃店在 1935 年創業，以販賣竹製品起家，店家堅持選用竹皮色澤艷麗的竹子來製作。他們使用京都傳統手法，把竹子製成各種生活日常使用的工具，有餐具、煮食用具和盛器等，店內有多達 1000 種貨品。幸運的話，或許可以看到職人現場製作竹的製品呢！

ARINCO
アリンコ

官網　　　地圖

🏠 京都市右京區嵯峨天龍寺造路町20-1 京福嵐山駅はんなりほっこりスクエア 1F ⏰ 10:00～18:00（3月中旬至12月下旬9:00～20:00）🌐 www.arincoroll.jp/ 🚃 京福嵐山線「嵐山」站內

ARINCO 在嵐山一帶相當具人氣，門外經常大排長龍，以專賣 Roll Cake 出名。ARINCO 的人氣美食是 Roll Cake Sand，是瑞士捲專門店，更吸引人的是他們的小吃，如果不方便買 Roll Cake 拿回飯店吃，可以買小點心和抹茶飲料，包括迷你捲蛋糕，是嵐山店限定方便遊客喔！

1 蛋糕捲夾著香濃甜美的鮮奶油，再撒上抹茶粉 2 抹茶牛奶

よーじやカフェ本來是以吸油面紙而聞名，後來在日本開了5間餐廳，京都地區有3間，分別是三条店、嵐山店及銀閣寺店。よーじやカフェ主攻女性市場，食物外型相當別致。嵐山店的設計比較有傳統京都的氣氛，餐廳附有小庭園，甚有京風味道。店內以有よーじや商標圖案的飲料最受歡迎，只是味道不算突出，不過走累了來休息一下也不錯！

官網　　　　地圖

🏠京都市右京區嵯峨天龍寺立石町2-13 ⏰9:15～18:00（最後點餐時間17:30）🌐 www.yojiyacafe.com 🚃JR「嵐山」站步行約8分鐘

西芳寺別名為「苔寺」，也有「最難參拜的寺廟」的稱呼，原因是大家要事先向寺方申請。如果想前往參拜，需要於參觀日前最少一星期最多2個月前，寄一張寫上你的地址的明信片到西芳寺（需要附上日本郵票作回郵用），及另外一張紙寫上你想參拜的日期和時間，寺方批准後會寄回你的明信片，上面會寫上參拜資料。

西芳寺之所以又名「苔寺」，原因是寺內長滿了多達120種青苔。此外，進寺並非單純參觀，寺方會安排參觀人士參加抄經或者聽經體驗。

官網　　　　地圖

🏠京都市西京區松尾神ケ谷町56 ⏰10:00～12:00 💴3000日圓 🌐saihoji-kokedera.com/ 🚃JR「嵐山」站搭63或73號巴士，於「苔寺・すず虫寺」站下車，步行約3分鐘／JR京都站搭73號巴士，於「苔寺・すず虫寺」站下車，步行約3分鐘

二尊院

官網

地圖

從伏見城移過來的總門

　　二尊院氣氛幽靜，境內種滿了常綠的松樹，是一個遠離繁華的好地方。二尊院內的總門，其實是從伏見城的藥醫門遷移過來，相當特別。本堂供奉了釋迦如來和阿彌陀如來兩尊佛像，因此而得名「二尊院」。此外，這裡也是賞楓的名所，平日雖幽靜，但秋天時許多人都會慕名而來。

🏠 京都市右京區嵯峨二尊院門前
　　長神町27

🕐 9:00～16:30

🎫 成人500日圓、小孩免費

🌐 nisonin.jp/info

🚃 JR「嵐山」站步行約20分鐘／
　　京福電鐵「嵐山」站步行約15
　　分鐘

常寂光寺

官網　　地圖

　　常寂光寺同是賞楓名所，位於小倉山麓。當年開山的僧人因為覺得這裡環境寂靜，四周都有樹林包圍，所以把這裡選定成為隱居作修行的居所。「常寂光」三個字出於佛典，是天台四土之一，意思就是佛教的理想境界，甚富禪意。這裡在秋天時是遍地紅葉而聞名，這時華麗與寂靜在一起，感覺十分特別！

🏠 京都市右京區嵯峨小倉山小倉町3

🕐 9:00～17:00

💰 500日圓

🌐 www.jojakko-ji.or.jp

🚌 JR「嵐山」站步行約15分鐘／京福電鐵「嵐山」站步行約20分鐘

東映太秦映畫村
東映太秦映画村

官網　　　　地圖

🏠 京都府右京區太秦東蜂岡町10

🕐 9:00～17:00

📅 12月21日～31日

🎫 成人2400日圓、中／高學生1400日圓、3歲以上兒童1200日圓

🌐 www.toei-eigamura.com/

🚌 京福電車「太秦廣隆寺」站下車步行約5分鐘／JR「太秦」站下車

　　太秦映畫村是一個匯集了日本時代劇（東映時代劇）各種外景道具的樂園，非常慶幸它並沒有被收錄到大多的旅遊書之中，所以在村裡看見的也多是本地人而非遊客。除了各種在時代劇中常見的古老場景，如江戶大街、新選組的屯所、御宿（旅館）、新選組大有關係的池田屋、明治駅廣場、中村座及花町外，在路上與身穿和服、羽織（新選組服）、待者服的工作人員偶遇，令人有種恍惚穿越到江戶的錯覺。

　　而忍者地段則是太秦主要的遊戲區域，例如關卡重重的忍者修行道場「からくり忍者屋敷」、迷宮「立体迷路忍者の砦」、史上最恐怖的鬼屋「お化け屋敷」、忍者攀登 SHINOBORI 等，每次收費 400 ～ 1300 日圓不等，一般是在場內觀光後再到一個大型的忍者大宅。這裡還有一個免費的劇場，每天演出的都是東映的演員，一天共設 4 場，時間分別是 11:00、12:15、14:00、15:00，座位都是自由席，只要在該時段進入即可。

1 **2** 大家還可以選購嵐電與映畫村的套票，售價為 2900 日圓，含有一張太秦映畫村的入場券，以及兩張以太秦廣隆寺站為起始站或終點站的嵐電來回車票，省時便捷。

除了遊玩設施外，忍者區內還有一些精品販商店鋪、攤販、手裏劍體驗場、忍者カフェ等。鄰近入口的位置另設有東映動漫展覽館、時代劇裝扮館、電影文化館及各主題展覽館如朦面超人展覽廳等，多套動漫作品的 Figures 排列館前，如《數碼暴龍》、《鬼太郎》和《無敵鐵金剛》等，1 比 1 的比例，就像那些角色從動畫中來到地球，感覺非常有趣！

1 2 3 忍者主題遊玩設施區 4 5 NHK 大河劇取景區 6 7 各種免費劇場 8 東映動漫展覽館

二尊院

常寂光寺

嵯峨豆腐 三忠

嵐山 りらっくま茶房

よーじや カフェ

嵯峨野トロッコ小火車

野宮神社

嵯峨嵐山

竹林の道

嵯峨野湯

手作り工房
京豆庵 嵯峨嵐山店

Platz

嵐電

鹿王院

天龍寺

嵐電嵯峨

冰淇淋吐司
ARINCO嵐山本店

嵐山

嵐電嵐山站駅の足湯

いしかわ竹乃店

渡月橋

嵐山公園中之島地區

嵐山

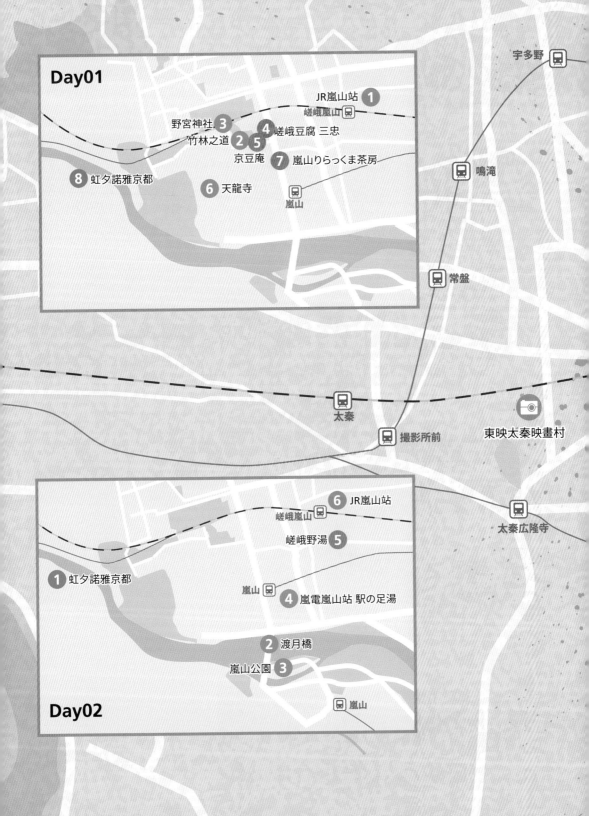

Day01

JR嵐山站 **1**
嵯峨嵐山 🚉

野宮神社 **3**
竹林之道 **2** **5** **4** 嵯峨豆腐 三忠
京豆庵 **7** 嵐山りらっくま茶房
8 虹夕諾雅京都 **6** 天龍寺
嵐山 🚉

宇多野 🚉

鳴滝 🚉

常盤 🚉

太秦 🚉

撮影所前 🚉 東映太秦映畫村 📷

太秦広隆寺 🚉

Day02

6 JR嵐山站
嵯峨嵐山 🚉

嵯峨野湯 **5**

1 虹夕諾雅京都

嵐山 🚉 **4** 嵐電嵐山站 駅の足湯

2 渡月橋
嵐山公園 **3**

嵐山 🚉

嵐山 2 天 1 夜私房提案

START

10:00
嵯峨野トロッコ小火車
P.233

JR「京都」站搭 JR 山陰本線
往嵯峨野「嵐山」站，車程約 1 小時

9:00
京都車站
P.115

從「嵯峨野」站下車散步

17:30
入住虹夕諾雅京都及
享用飯店內設施
P.84

12:00
竹林之道、野宮神社
P.235、236

步行約 15 分鐘

先步行回「嵐山」站。
從 JR「嵐山」站步行到碼頭約 15 分鐘
或從阪急「嵐山」站步行到碼頭約 10 分鐘

13:30
嵯峨豆腐三忠、京豆庵
P.237

下午茶
16:30
嵐山りらっくま茶房
P.240

午餐

步行約 3 分鐘

14:30
天龍寺
P.238

步行約 15 分鐘

嵐山 2 天 1 夜私房提案

Day 02

10:00
Check Out
P.84

START

步行約 3 分鐘

11:00
渡月橋、嵐山公園散步
P.240、241

步行約 5 分鐘

12:30
嵐電嵐山站足湯
P.241

步行約 5 分鐘

午餐

13:45
嵯峨野湯
P.242

15:00
京都車站
P.115

JR「嵐山」站，車程約 11 分鐘

宇治周邊

宇治市（うじ）位於京都南部，離開了繁華的京都市中心，這裡最出名的是宇治茶，在國際間也非常有名，更是日本的綠茶代表。宇治是源氏物語的重要舞台之一，當中有十個部份稱為「宇治十帖」，因此，來到宇治不難發現紫式部的縱影。據說宇治茶由茶師千利休開始，受到歷代茶人的喜愛，大家認識的伊藤久右衛門、中村藤吉等老店都是在這裡起家。而宇治地方不算很大，大半天就可以逛完，但已有很多世界文化遺產，如平等院、宇治上神社等，這些著名景點都可從宇治站步行走過來，邊走邊享受空氣中飄來的茶香。

🚃 京都車站搭JR奈良線於「宇治」站下車，車程約27分鐘

※JR奈良線除了可以抵達奈良和宇治外，也能抵達東福寺和伏見稻荷大社的「稻荷」站，因此可以靈活編排行程，如上午去宇治下午去東福寺或伏見稻荷大社。

慶祝「宇治市制施行 50周年」，在車站附近設置了這個有趣的郵筒

宇治橋最初建於 646 年，與「瀬田の唐橋」及「山崎橋」並列為日本三大古橋。但現在看到的宇治橋是 1996 年重鋪的，長 155 公尺，寬 25 公尺。現在的宇治橋使用檜木作為護欄，設計上和宇治的自然風景所融合，在高欄又加上傳統形狀的擬寶珠（日本傳統建築物，如神社、寺廟常用的裝飾，貌似洋蔥的裝飾），增添日本的古典風味。這橋經常在源氏物語中出現，所以橋畔就聳立了源氏物語作者紫式部的人像。

地圖

🏠 京宇治市宇治乙方

🚃 JR「宇治」站步行約5分鐘

源氏物語博物館
源氏物語ミュージアム

官網　　　　地圖

　宇治市立源氏物語博物館於 1998 年設立，展示了各種有關源氏物語這部著作的歷史性資料。後來，為了紀念源氏物語一千年，2008 年館方重新裝修博物館，利用多媒體把源氏物語中那個華麗的平安時代重現出來。館內改用了落地大玻璃，外面設計庭園，從館內不同的位置，製造了舒適的空間感。這是一個有別於傳統博物館建築設計的地方，行程若有充裕時間，很值得參觀。

館內展示出很多與宇治十帖有關的文物和模型

關於源氏物語

　源氏物語是日本女作家紫式部的長篇小説，成書大約在長保 3 年至寛 5 年（西元 1001 年至 1008 年），據説也是世界上最早的長篇小説，比中國的紅樓夢成書更早。「物語」一詞是日本文學的一種獨特的體裁，原意為「談話」，後來指故事、傳記、傳奇等，簡單來説是一種用來敘述故事的文學體裁。全書共有 54 帖，以平安時代為背景，主角是日本天皇桐壺之子，因天皇不想他受宮廷鬥爭影響，因此將他降為臣籍，賜姓「源氏」，又稱為「光源氏」，故事就是圍繞著他和一些女子的愛情故事，他最終出家為僧。作者紫式部（生卒年不詳，有很多説法），出身貴族文人世家，本姓藤原，實際的本名不詳。小時候跟父親學習漢學、通曉音律和佛典。紫式部丈夫逝世後就開始創作源氏物語。

🏠 宇治市宇治東45-26

⏱ 9:00～17:00（最後入場時間 16:30）

🏛 星期一及年末年始

🌐 www.city.uji.kyoto.jp/soshiki/33/

🚌 JR「宇治」站步行約15分鐘

很多人來宇治，其實是為了中村藤吉，人氣之大，就算已在東京和海外有分店，現在還至少要排隊 30 分鐘。中村藤吉本店於 1859 年創業，是宇治甚至是京都非常有名的綠茶老店。除了食物之外，無論是本店或是平等院店，單是建築物本身，就已經是屬於「重要文化景觀」甚有歷史價值。這裡最受歡迎的是裝在竹筒裡的「生茶ゼリイ抹茶」，來的人幾乎都會點這份甜點。除了甜點，當然也要試這裡的中村茶，由七種茶葉組合而成，包括玉露、煎茶、綠茶等，泡出來是淡雅的綠色，味道也較為有層次。在店裡吃建議點套餐。

1 這裡有商店，可以買伴手禮 2 傳統抹茶一定要試

從 JR「宇治」站走出來，就會看到觀光案內所。這裡除了可以查詢有關宇治的行程和景點外，你也可以向職員查詢行程建議，說不定會發現宇治的另一面。

宇治うじ

中村藤吉本店

官網　　地圖

🏠 宇治市宇治壱番10　🕐 10:00～17:30（最後點餐時間16:30）　🌐 www.tokichi.jp　🚃 JR奈良線「宇治」站步行約1分鐘／京阪線「宇治」站步行約10分鐘

宇治うじ

宇治觀光案內所

官網　　地圖

🏠 宇治市宇治里尻5-9（JR「宇治」站前）　🕐 9:00～17:00　🌐 www.kyoto-uji-kankou.or.jp/　🚃 JR「宇治」站門外

平等院

官網

地圖

　　平等院於 1052 年沿著宇治川興建，也是日本早期木造建築，據說是古代日本人對西方極樂世界的具體實現。平等院由平安時代權傾朝野的藤原賴通將其父親的別院改建，當時規模大得佔了半個宇治市，依佛教末法之境，在水池的西邊建造阿彌佛堂，而前面水池的東面則建構了象徵今世的拜殿，成為有「淨土庭園」之喻的代表建築，也成為後來日式庭園的參考指標。注目的鳳凰堂供奉了阿彌陀如來，本來名為阿彌佛堂，因為其外型似欲振翅而飛的禽鳥，在中堂更有兩隻金銅鳳凰像，所以在江戶時代改名為「鳳凰堂」。

　　而平等院於 1994 年獲列為聯合國教科文組織的「世界文化遺產」，現時日本流通的 10 日圓硬幣和 1 萬日圓紙鈔背後，都有「鳳凰堂」的圖案。

🏠 宇治市宇治蓮華116

⏱ 8:30～17:30。鳳凰堂接待時間
9:30～16:10

🏛 成人600日圓、中高學生400日
圓、小學生300日圓

🌐 www.byodoin.or.jp

🚌 JR「宇治」站步行約10分鐘

1 阿彌佛堂上的鳳凰裝飾 2 這裡在 4 月春天時會開滿紫藤花 3 10 日圓硬幣上的鳳凰堂

宇治上神社的建築經年輪法考證調查後，證明是平安時代的產物，建成的日期可追溯到康平3年（1060年），已經有上千年歷史。神社位於宇治川的東岸，與平等院正好隔川相對，古時的人興建宇治上神社是為了守護平等院。神社的構造包括本殿、春日神社、拜殿等，其中最大的是本殿，裡面有三間內殿，這種形式是相當特別，也是最早期神社建築的樣式，因此這裡很值得一來。

神社內有一「桐原水」，是「宇治七名水」之一，也是現時仍存在的七名水，大家還可以看到仍有泉水流出來。「宇治七名水」其餘的六個分別是：公文水、法華水、阿彌陀水、百夜月井、泉殿、高淨水。

官網　　地圖

🏠 宇治市山田59 🕐 7:00～16:30 🎫 免費 🌐 www.pref.kyoto.jp/isan/ujigami.html 🚉 JR「宇治」站步行約15分鐘／京阪宇治線「宇治站」步行約10分鐘

傳說宇治神社是応神天皇的離宮，主要供奉的是菟道稚郎子命，據說菟道稚郎子自幼非常聰明，所以後人都向祂祈求學業和升官順利。宇治神社的屋頂採用了鎌倉時代初期的建築風格，屋頂用檜木皮建成，而本殿中安放了一尊建於平安時代菟道稚郎子的木造神像，十分珍貴。此外，這裡還有一對木造的狛犬，不過並不對外開放，而且也是國家重要文化財。

官網　　地圖

🏠 宇治市宇治山田1丁目 🕐 9:00～16:00 🎫 免費 🌐 uji-jinja.com/ 🚉 JR「宇治」站步行約10分鐘／京阪宇治線「宇治」站步行約5分鐘

京都百年茶店
辻利宇治本店

官網　　　地圖

　　辻利是宇治另一家知名百年茶店，日本有一種上等的茶種：玉露，就是由辻利宇治本店的創始人辻利右衛門所研發出來，對於日本茶的歷史有舉足輕重的影響力。他們於萬延元年在京都創業，已經有百多年的歷史。店內除了有販售各種茶葉及周邊的副產品之外，還有外帶的綠茶飲品，有煎茶和焙茶兩種。此外，店內也有茶房，可以坐下來享用他們的抹茶食物，提供的是和菓子，讓人真正的感受日本傳統抹茶的味道。

🏠 京都府宇治市宇治妙楽156番地
🕙 10:00～18:00、茶室11:00～17:00
🚪 年末年始休息
🌐 www.kataoka.com/tsujiri/shop/
🚌 JR「宇治站」步行5分鐘

冷泡煎茶 500 日圓

伊藤久右衛門的名字可能不算陌生，因為其生產的商品已外銷到海外，香港和台灣都很容易買到他們的綠茶產品。他們堅持用最傳統的方法栽培、烘製宇治茶。產品種類繁多，有西式抹茶菓子，也有傳統的和菓子，在其他分銷商店也可以買到例如巧克力、果凍等。本店設有餐廳，可即時品嚐他們的茶。

官網　　　地圖

🏠（本店）宇治市菟道荒 19-3／（平等院店）宇治市平等院表參道 ⏰（本店）10:00～18:00（最後點餐時間17:30）／（平等院店）9:00～17:30 🌐 www.itohkyuemon.co.jp/corporate/shop/uji/ 🚃（本店）JR「宇治」站步行約17分鐘／（平等院店）JR「宇治」站步行約17分鐘，於前往平等院的表參道上

源氏物語共有 54 帖，最後十帖的場景就是以宇治為中心，所以又稱這十帖為「宇治十帖」，這十章是由紫式部的女兒「薰」代筆寫成，很多日本人會以這十帖的場景作為旅行行程的一部份。宇治的觀光機構設計了一條「宇治十帖散步道」，不過並非全部都是觀光景點，有些只是一個紀念碑，指出該地方與這十帖的關係。

宇治 🚉

源氏物語博物館 📷

宇治橋 📷

宇治上神社 📷

伊藤久右衛門 🍵

宇治神社 📷

宇治十帖 📷

宇治觀光案內所 🎁

宇治 🚉

辻利宇治本店 🍴

中村藤吉 本店 🍴

平等院 📷

宇治最順路
行程

宇治 🚉

源氏物語博物館 ②

① 宇治橋

宇治上神社 ⑤

辻利宇治本店 ⑦

伊藤久右衛門 ⑧

宇治神社 ⑥

③ 中村藤吉 本店

④ 平等院

宇治最順路行程

START

9:00
京都車站
P.115

JR「宇治」站，
車程約 18 分鐘，步行約 5 分鐘

9:30
宇治橋
P.255

步行約 7 分鐘

10:00
源氏物語博物館
P.256

步行約 13 分鐘

14:00
宇治上神社
P.259

12:30
平等院
P.258

午餐

步行約 13 分鐘

步行約 10 分鐘

11:00
中村藤吉本店
P.257

步行約 6 分鐘

14:45
宇治神社
P.259

18:00
京都車站
P.115

JR「京都」站
車程約 18 分鐘

步行約 14 分鐘

下午茶

購物

15:30
辻利宇治本店
P.260

步行約 12 分鐘

16:30
伊藤久右衛門
P.261

叡山電鐵沿線

叡山電鐵由出町柳開始，沿途幾個車站周邊都有不錯的觀光地方，包括：一乘寺、貴船、八瀨比叡山和鞍馬口，單是走這條路線都可以玩上一兩天了。這條路線在夏秋兩季都是特別的具人氣，因為夏天有下鴨神社的御水洗祭，又有貴船山上的流水麵。到了秋天，這裡一帶更是賞楓名所，在車上可以一直賞楓到鞍馬寺，實在是值回票價的一條輕旅行路線。

下鴨神社
賀茂御祖神社

下鴨神社的正式名稱其實是「賀茂御祖神社」，因為日文的「賀茂」和「鴨」同音，而「下鴨」是地名，因此通稱為「下鴨神社」。下鴨神社的建造年份已無可考究，有一說是崇神天皇 7 年（約公元前 90 年）已有修建的記錄，因此是京都一個歷史相當悠久的古老神社，同時也獲列為世界文化遺產的名錄之中。下鴨神社主要供奉了神武天皇的母親玉依姬命和賀茂氏的祖神賀茂建角身命，因此這裡也是祈求姻緣、無病消災、世界和平與豐收的神社。

官網

地圖

🏠 京都市左京區下鴨泉川町59

🕐 6:30～17:00

🏠 無

🌐 www.shimogamo-jinja.or.jp

🚌 京阪電車「出町柳」站步行約15分鐘／在JR「京都」站前的巴士總站，搭205號巴士於「下鴨神社前」站下車步行約3分鐘

1 秋天的下鴨神社十分漂亮 **2** 下鴨神社每 3 個月就會舉行一次森の手づくり市（森林手作市集）

森林手作市集

十二生肖言社

　　這裡有一個配有十二生肖的「言社」，也是列為重要文化財的七座「言社」之一。而每個言社都有屬於自己生肖的繪馬及御守，即是十二生肖的守護社，也是京都唯有祭祀十二支神的神社，你是屬於哪個生肖，就往哪一個祈福即可。

葵祭

　　這裡每逢 5 月 15 日都會舉行京都三大祭典之一的「葵祭」，而葵祭是下鴨的代表物，每年都吸引很多人前來參加（詳見 P102）。

糺の森

　其實整個下鴨神社都被一個原始森林包圍著，這個森林叫「糺の森」，已經有四千年歷史。森林佔地 12 萬 4 千平方公尺，面積相當於 3 個東京巨蛋，下鴨神社就是位在森林的北邊，同樣跟下鴨神社一起在世界文化遺產的名錄中，也是京都唯一的森林。

御手洗祭

　下鴨神社於每年的「土用之丑日」前後 4 日左右舉行「無病息災、延命長壽」的「御手洗祭」（みたらし祭），是為了祈求疾病消除。因為要在每年的「土用之丑日」前後 4 日左右舉行，所以每年的日期可能會相差一兩天，一般而言會在 7 月 21 日至 24 日這段時間舉行，時間為5:30 ～ 22:00。當天參觀人士先按指示排隊進場，先付 300 日圓的初穗料，並在社方設置的座椅上脫去鞋襪，然後會拿到一枝祈願用的小白蠟燭，再按指示進場。

旅人手帖

鴨川跳龜

　跳龜究竟是什麼意思？原來當你來到出町柳，步行往下鴨神社時，在賀茂川和高野川的交界處，會看到有一些以烏龜和千鳥形狀製成的石頭，大家都很喜歡利用這些石頭跳到對岸，是一個很有趣的活動，到下鴨神社時千萬別錯過！

叡山電鐵沿線

河合神社

官網

地圖

🏠 京都市左京區下鴨泉川町59 🕐 6:30～17:00 🌐 www.shimogamo-jinja.or.jp/bireikigan/ 🚌京阪電車「出町柳」站步行約15分鐘／在JR京都站前的巴士總站，搭205號巴士於「下鴨神社前」站下車步行約3分鐘

叡山電鐵沿線

みつばち

地圖

🏠 京都市上京區梶井町448-60 🕐 11:00～18:00 🏠 星期日及一 🚌京阪電車「出町柳」站步行約7分鐘

河合神社在下鴨神社內，是供奉初代天皇神武天皇的母親，她是日本第一美麗之神玉依姬命。據說她的美貌如美玉一樣的美麗，所以也有守護美貌的說法。來到河合神社，就可以向玉依姬命祈求美麗、安產、結緣和育兒，一切和女性有關的事都能向她祈福！

みつばち在這一帶是人氣甜品店，主要賣的是寒天和葛條，夏天來這裡吃一份日式甜點可以消消暑。店內的設計好有家居感，桌上放了手作菜單，每一本都有不同的書衣，有一種很溫暖的感覺。這裡雖然賣的是簡單不過的甜點，但店家堅持要用千葉縣的天草來製作寒天，又使用來自沖繩波照間島的黑糖來製作黑蜜，紅豆當然一定會是來自北海道！從南到北的食材，都被店家所使用，把日本最好的都帶來這裡。

上賀茂神社位於鴨川的上游位置，也是京都最古老的神社，正式名稱是賀茂別雷神社。據說在西元660年以前，賀茂別雷大神曾降臨到正殿的西北神山上。「賀茂別雷」中的「別雷」是指年輕的雷，也代表了神的聲音，這也是日本人自古以來就把雷當作神來看待。現在，正殿和權殿已成為了國寶，是古都京都的文化財產之一，同時也是世界文化遺產名錄中的一份子。

叡山電鐵沿線

上賀茂神社
賀茂別雷神社

官網　　　　　地圖

🏠 京都市北區上賀茂本山339 ⏰ 8:30～17:00 🌐 www.kamigamojinja.jp/ 🚌 在京阪電車「出町柳」站或JR「京都」站搭4號巴士到「上賀茂神社前」站下車

　　　　惠文社曾經獲得全球百大美麗的書店之一，這裡沒有華麗的裝潢，就是簡簡單單很樸素的在一乘寺站，等待著愛閱讀的人前來跟它相遇。這裡位於前往京都大學和京都造型藝術大學的路途上，多增添一份文藝氣息。惠文社有他們獨特的選書方針，因此可以在這裡看到市面上不容易找到的書。此外，他們也會定期舉辦不同的展覽，讓日本出色設計的生活雜貨和文具，都可以在這裡找到。

叡山電鐵沿線

惠文社
惠文社一乘寺店

官網　　　　　地圖

🏠 京都市左京區一乘寺払殿町10 ⏰11:00～19:00 🌐 www.keibunsha-books.com/ 🚃 京阪電車「一乘寺」站往商店街方向步行約3分鐘

詩仙堂

官網　　　地圖

🏠 京都市左京區一乘寺門口町27
🕐 9:00～17:00 👤 成人500日圓、
高中生400日圓、中小學生200日圓
🌐 www.kyoto-shisendo.com 🚃 京
阪電車「一乘寺」站步行約15分
鐘

　　詩仙堂是京都其中一個賞楓名所，11月深秋時幽靜的環境配上一抹楓紅，是一流的賞楓氣氛。這裡除了紅葉，原來還收藏了中國漢晉唐宋朝36位詩人的畫像，包括李白、杜甫、陶淵明、李商隱和蘇軾等，由一位日本知名的畫家所畫，這36位詩人的畫像就安放在「詩仙之間」，這裡的名字也因此而來。

曼殊院門跡

官網　　　地圖

🏠 京都市左京區一乘寺竹ノ內町
42 🕐 9:00～17:00 👤 成人600日
圓、高中生500日圓、中小學生400
日圓 🌐 www.manshuinmonzeki.
jp/ 🚃 JR京都車站搭5號巴士在「一
寺清水町」站下車步行約20分鐘
／叡山電鐵「修學院」站步行約
20分鐘

　　據說曼殊院創始人是天臺宗的開山祖最澄大師創建，作為鎮護國家的道場。門跡是指住持由皇室或貴族的成員，是一種特別的寺格。曼殊院與青蓮院、三千院、妙法院、毘沙門堂並列稱為天臺五門跡之一。

　　曼殊院最值得一看的是當中的枯山水庭園，由江戶時代著名庭園設計師小堀遠州所設計，園內的大書院到小書院，在江戶時代初期是代表性的書院建築，於書院前面是用沙子代表大海之中的鶴島和龜島，相當特別。這裡在5月杜鵑花盛開的時間和11月的紅葉時期，都是遊覽的旺季。

インキョカフェ

地圖

　一乘寺和出町柳一帶都有不少的餐廳，而這家インキョカフェ就在一乘寺站旁，是一家以爵士音樂為主題的餐廳。一般我們看到的餐廳，很多都會吸引到不少女性，因為裝潢就很女性。而這家很不同，深色木桌和皮椅，加上牆上和爵士樂有關的相片和裝潢，這裡徹底地屬於男士的餐廳。如果你點咖啡的話，店員就會觀察一下客人，會為客人選一杯代表他的咖啡杯。這裡晚上就變成了爵士酒吧，氣氛跟白天很不一樣。

1 他們的午餐每天更換，一般 800 日圓起 2 咖哩飯也很不錯！ 3 咖啡杯是由店員幫客人選的

🏠 京都市左京區一乘寺里／前町5 1F

⏱ 12:00～14:30、18:00～24:00

🏠 星期四

🚌 京阪電車「一乘寺」站步行約1分鐘

271

貴船神社

 官網　 地圖

🏠 京都市左京區鞍馬貴船町180

⏱ 6:00～18:00

🚫 無

💼 免費

🌐 kifunejinja.jp/

🚃 京阪電車「出町柳」站轉乘叡山電鐵於「貴船口」站下車,再於對面搭乘33號巴士往「貴船神社」站下車步行約8分鐘

貴船、八瀬比叡山、鞍馬

　　貴船神社的創建年份不詳,根據記載應至少有約 1600 多年的歷史,而且這裡是繪馬的發祥地,也是全日本 450 多家貴船神社的總本社,地位很高。貴船神社所在的位置是賀茂川的水源地,供奉神高龗神,為降雨和水之神。不過,民間也有流傳貴船神社是緣結神社。每逢 7 月 7 日都會舉行「貴船水祭」,有許多從事和水有關行業的人都會前來這裡參與祭典。

旅人手帖

繪馬發祥地

　　據說這裡也是繪馬發祥地,在奈良時代的《續日本紀》中記載,參拜人士如果要祈雨的話,就會奉納黑馬;而求晴的話,奉納白馬讓神乘坐。這是繪馬的雛形。到了平安時代,由於當時的馬匹甚昂貴,所以改以在木板上畫上馬的圖案代替。

1 走上貴船神社的石階路「紅獻燈參道」，冬天鋪上皚皚白雪加上點燈很是浪漫 2 這裡可以做水占，參拜人士可以付 300 日圓買個小瓶，把神水帶回去飲用。水質已做過科學驗證，絕對是乾淨可飲用的，據說可增進健康

 旅人手帖

紅葉隧道

當秋天楓紅的時候，前往貴船神社的途中，會經過一道「紅葉隧道」，列車從市原站到二之瀨之間，那一段路兩旁都長滿了楓樹。而二之瀨之後的車站就是貴船口，所以秋天去貴船會有意想不到的收穫喔！

流水麵ひろ文
流しそうめんひろ文

官網

地圖

☖ 京都市左京區鞍馬貴船町87
⏱ 5～10月中旬11:00～15:00 🌐
hirobun.co.jp/ 🚃京阪電車「出町
柳」站轉乘叡山電鐵於「貴船口」
站下車，再於對面搭33號巴士往
「貴船神社」站下車，步行約15
分鐘。從貴船神社向上步行約6分
鐘。

叡山電鐵沿線

琉璃光院
瑠璃光院

官網

地圖

☖ 京都市左京區上高野東山55
⏱ 10:00～17:00 💴 2000日圓 🌐
rurikoin.komyoji.com 🚃叡山電鐵
「八瀬比叡山口」站步行約8分鐘

如果是夏天來到貴船就是為了流水麵或者川床料理，但川床料理不便宜，所以大家都喜歡簡單又好玩的流水麵。從貴船神社往上走大約6分鐘，抬頭一看就會看到ひろ文的招牌，這裡就可以吃到流水麵。提供流水麵的店家不是太多，而ひろ文是比較有名的店家。貴船一帶每年的5月至8月，料理店都會提供川床料理，而流水麵的供應時間同樣是5月至9月底。ひろ文分成兩層，上層是吃川床料理，而下層是吃流水麵。

1 不用擔心衛生問題，因為每一組客人都有自己獨立的管道 2 當麵快流到面前，就要做好準備夾起來，因為夾不到就會浪費了！ 3 見到粉紅色的麵，就代表這是最後了

琉璃光院平日不是京都的主要觀光景點，但在秋天的時候，這裡就變成了賞楓名所，每天來的人潮多不勝數，要參觀的話至少要等30分鐘。每年大概10月初至12月中，這裡就會開放參觀紅葉。由於琉璃光院位於山上，因此氣溫也相對較早轉涼，一般11月中旬都可以看到紅葉開始轉紅了。琉璃光院的建造年份不詳，據說早在飛鳥時代就已經存在了，當時的天武天皇在壬申之亂中受傷，來到琉璃光院的釜風呂利用蒸氣療傷，最後果然痊癒了，後來就有越來越多貴族和士兵來這裡參拜，到了平安時代，更成為貴族和有錢人的療癒勝地。

每位入場的人都可以獲得經文一份，可在寺內抄經，也可拿回家再抄

三千院位於大原，自古以來都是貴族們和佛教修行者的隱居之所，因為大原就在京都的東北山中，有種遠離世俗的感覺。三千院在延曆7年時，由最澄大師於叡山東塔南谷的一棵大樹下，建成一座小寺廟，那就是三千院的起源。後來歷經多次的遷移後，在1871年明治時代就落地大原。

原來「三千院」這個名字也是在落地大原時才有，之前名為「梨本坊」、「梨本門跡」、「梶井宮」或「円融房」。這裡還有一個特色，就是歷代的主持都由皇族擔任，地位相當高。

1 許多信眾都會到這裡供奉一尊佛像，祈求一切平安 **2** 前往生極樂院時會看到幾尊童地藏，總是讓人停下腳步欣賞

鞍馬寺於西元770年由鑒禎上人所創建，搭叡山電車就可以前往。直到9世紀於天皇的命令下，成為了守護京城北方的寺院，在京都人心目中的地位舉足輕重。雖然說鞍馬寺可以搭叡山電車就到，不過下車後還要先走過一條名為「九十九折」的彎曲斜路，途中會經過祭祀大己貴命和少步名神由岐神社，因此要有心理準備相當花體力。每年的10月22日，在鞍馬寺會舉行一年一度的鞍馬火祭，是京都其中一件的年度盛事。此外，鞍馬寺也是賞楓名所，秋天時吸引了不少人特意前來賞楓。

長鼻天狗是負責守護鞍馬寺

叡山電鐵沿線

大原三千院

官網　　　　地圖

⌂ 京都市左京區大原来迎院町540 ⌚ 9:00～17:00（11月8:30～17:00、12～2月9:00～16:30）🎫 成人700日圓、中／高中生400日圓、小學生150日圓 🌐 www.sanzenin.or.jp 🚉 叡山電鐵「八瀨比叡山口」站搭京都19號巴士，於「大原」站下車步行約10分鐘／JR「京都」站搭京都17號巴士於「大原」站下車，步行約10分鐘

叡山電鐵沿線

鞍馬寺
総本山鞍馬寺

官網　　　　地圖

⌂ 京都市左京區鞍馬本町1074 ⌚ 9:00～16:15 🎫 門票500日圓 🌐 www.kuramadera.or.jp 🚉 搭叡山電車鞍馬線於「鞍馬」站下車

新手路線

上賀茂神社 ③

恵文社 ④ 🚉 一乗寺

下鴨神社 ①

みつばち ② 🚉 出町柳

⑤ Factory KAFE工船

仲夏行程提案

② 流水麺 ひろ文

貴船神社 ①

🚉 鞍馬

下鴨神社 ③

🚉 出町柳

🍴 流水麺 ひろ文

貴船神社 📷

📷 鞍馬寺

🚉 鞍馬

🚉 貴船口

🚉 二ノ瀬

🚉 市原

🚉 二軒茶屋

京都精華大前 🚉

🚉 木野

🚉 岩倉

八幡前 🚉

三宅八幡 🚉

🚉 宝ケ池

上賀茂神社 📷

大原三千院 📷

賞楓行程提案

2 流水麺 ひろ文

3 鞍馬寺

🚉 鞍馬

大原三千院 3

八瀬比叡山口 🚉 1 琉璃光院

八瀬比叡山口
🚉 📷 琉璃光院

🚉 修學院

📷 曼殊院門跡

インキョカフェ 🍴

恵文社 🎁

🚉 一乗寺

📷 詩仙堂

下鴨神社 📷

河合神社 📷

🚉 茶山

🚉 元田中

みつばち 📷

🚉 出町柳

住宿飯店
出發

搭乘任何前往「下鴨神社」的巴士
車程約 30 分鐘,下車即是

或從叡山電鐵或京阪電車「出町柳」站步行約 15 分鐘

「下鴨神社前」站搭 205 號巴士於「塩小路高倉」站下車
車程 24 分鐘,再步行約 4 分鐘

晚餐

步行到京阪本線「出町柳」站
搭京阪本線於「祇園四条」站下車
車程約 5 分鐘,再步行約 4 分鐘

河原町
P.188

下午茶

17:15
Factory KAFE 工船
P.53

16:00
惠文社
P.269

從「出町柳」站步行約 10 分鐘

10:30
下鴨神社
P.265

步行約 11 分鐘

12:15
みつばち
P.268

午餐

晚餐

京都車站
P.115

搭行經上賀茂神社的巴士
在「上賀茂神社」站下車
車程約 30 分鐘，再步行約 3 分鐘

搭巴士回到「出町柳」站
再搭叡山電鐵於「一乘寺」站下車
車程約 10 分鐘，再步行約 5 分鐘

13:30
上賀茂神社
P.269

仲夏行程提案

START

住宿飯店
出發

京阪電車「出町柳」站，轉乘叡山電鐵於「貴船口」站下車
再於對面搭乘 33 號巴士往「貴船神社」站下車步行約 8 分鐘

11:30
流水麵ひろ文
P.274

午餐

步行約 10 分鐘

10:30
貴船神社
P.272

叡山電鐵「出町柳」站步行約 15 分鐘

河原町
P.188

晚餐

步行到京阪本線「出町柳」站
搭京阪本線於「祇園四条」站下車
車程約 5 分鐘，再步行約 4 分鐘

「下鴨神社前」站搭 205 號巴士
於「塩小路高倉站」站下車
車程 24 分鐘，再步行約 4 分鐘

晚餐

15:00
下鴨神社參加御手洗祭
（7 月 21 ～ 24 日左右）
P.267

京都車站
P.115

賞楓行程提案

 START

住宿飯店
出發

市區搭巴士到「出町柳」站
再轉乘叡山電鐵「八瀨比叡山口」站
步行約 8 分鐘

10:00
琉璃光院
P.274

叡山電鐵於「貴船口」站下車
再於對面搭 33 號巴士往「貴船神社」站下車
步行約 15 分鐘
從貴船神社向上步行約 6 分鐘

河原町
P.188

 晚餐

京都車站
P.115

12:00
流水麵ひろ文
P.274

午餐

 晚餐

搭叡山電車鞍馬線於「鞍馬」站下車
車程約 31 分鐘，對面即見

14:30
大原三千院
P.275

行經大原三千院的巴士於「大原」站下車
步行約 10 分鐘

14:30
鞍馬寺
P.275

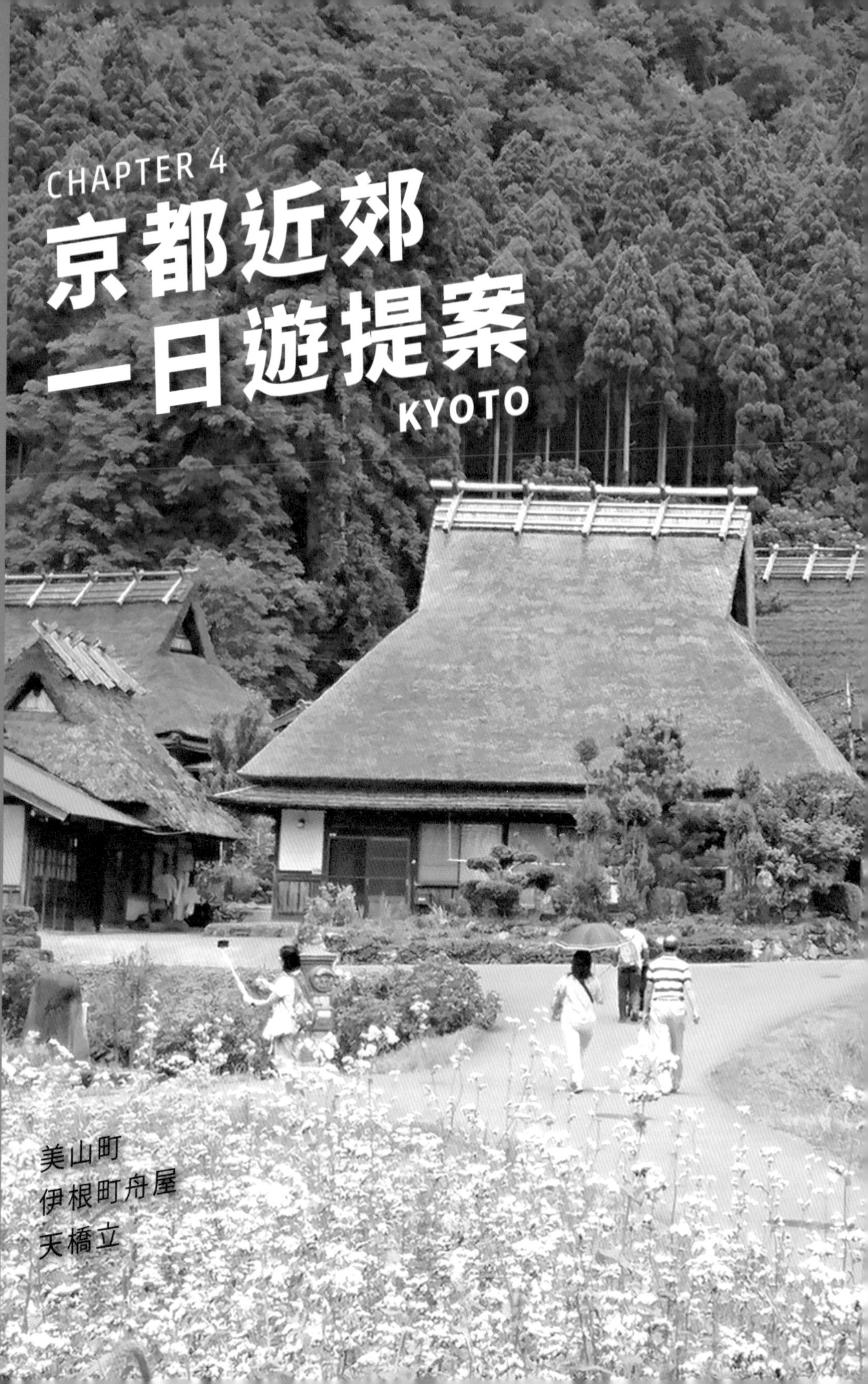

CHAPTER 4

京都近郊一日遊提案

KYOTO

美山町
伊根町舟屋
天橋立

京都近郊

如果玩遍了京都市區，又或者想輕鬆的散散步享受美景，不妨安排一天走到京都的近郊，例如丹後地區、美山等，都有相當不錯的自然風光。由於到京都近郊要花比較多的車程時間，而且景點集中在同一個區域內，所以要規劃一天的時間去玩，甚至想更輕鬆的話可以在當地住一個晚上，過過在地人的日常。

田園風光
美山町

在京都北部，有一個還保存著茅草屋的地方：美山町，裡面有多達 38 間茅草屋，每一間都是百年以上的老屋，直到現在仍然保存著。美山町是一個純樸的鄉村，有小小的藝廊，也有低調的 café：Café キャラリ，這是一家開在茅屋古民宅的 café，提供日式甜品及咖啡，散步後可以來這裡休息一下。來美山路途遙遠，至少都要花上大半天，因此必須要在這裡吃午餐。きたむら的蕎麥麵很出名，師傅每天新鮮手打，香氣十足又滑溜。

美山町冬天白雪皚皚的景色，絕對比白川鄉壯觀。每年的春天和秋天，美山的かやぶきの里都會一起把消防栓打開，數十個水柱射向天空，甚為壯觀，這個活動在白川鄉也一樣，現在不用大老遠的跑去白川鄉了，在美山町就看得到！

官網　　　　地圖

美山周遊バス

kyotomiyama.jp/

從京都車站，搭乘JR山陰本線「園部」站下車，於西口然後轉乘「園部‧美山周遊バス」（10:30出發），於「かやぶきの里」站下車，車費1200日圓（班次時間會不時更改，請留意官網最新資訊）請到網頁預約，http://www.keihankyotokotsu

1 從 JR 園部西口就可以搭乘這台周遊巴士 2
Café キャラリ 3 きたむら蕎麥麵

旅人手帖

美山牛乳

　　如果你坐周遊巴士去美山，回程途中會在「美山ふれあい広場」
停車，那裡是美山的土產中心，裡面有一個「美山牛乳工房」，可
以買到美山出品的牛奶，味道十分香濃。他們採用少見的低溫殺菌，
殺菌時間相當費時，但這樣可以保存到較多的營養成份，但保存期
較短，所以只能在京都內販賣。

一般旅客在京都玩，都是集中在京都的內陸地方，其實京都的丹後地區，是京都的臨海位置，跟歷史感很重的內陸地區有不一樣的氣氛。在伊根町，至今仍保留了水上船屋，一整排水上船屋建在沿岸位置，形成了獨特的景觀。現在還是有不少的人住在船屋上，有部份改裝成民宿，遊客可以入住船屋一晚體驗看看。如果不打算留宿，可以搭乘伊根灣遊覽船欣賞海上美景，船程約 30 分鐘，船會繞伊根灣一周，可以從海上看到舟屋群的美景。

位於舟屋の里公園 1 樓的油屋，幾乎每個來伊根町都會來這裡吃海鮮丼。這裡由京都丹後老牌溫泉旅館油屋所開設的餐廳，從伊根町屋群巴士站走來約 15 分鐘。這裡的海鮮都是當天捕獲，新鮮肥美，難怪要等 1 小時也有這麼多人願意等。

1 位於舟屋の里公園 1 樓的油屋海鮮丼 **2** 舟屋の里公園俯瞰伊根町灣 **3** 這裡的海水十分清澈，只要在海灣旁散步就可以看到 **4** 就算在平日也吸引不少日本人專誠來這裡寫生

觀光協會官網

地圖

京都丹後鐵道官網

丹後海陸交通官網

伊根町遊覽船官網

伊根町觀光協會
ine-kankou.jp
京都丹後鐵道
trains.willer.co.jp/
丹後海陸交通
www.tankai.jp
伊根町遊覽船
www.inewan.com/

日本三大景之一
天橋立

官網

地圖

京都丹後鐵道

丹後海陸交通

天橋立和松島、宮島並列為「日本三景」，這裡有一片長3.6公里的白沙灘，橫跨宮津灣的西邊，因為沙灘上長滿了青松，好像有一道橋架在海上一樣因而得名。日本有許多不可思議的天然景觀，都會附帶一個美麗的神話傳說，而天橋立就是把這道天然的「青松橋」，視為天神在地上架的橋。天橋立除了美景，還有百大名水、溫泉、紅酒和海鮮這些名物，從京都市中心過來大約2～3個小時的車程，由於地方不算大，所以當天來回也可以。

想鳥瞰天橋立的美景，可以前往天橋立 View Land，先搭 cable car 登山，就可看到青松橋的美景。下山時可搭乘有趣的 Lift Chair，這樣就能一直看著無遮擋的天橋立美景。

🌐 www.amano-hashidate.com/

京都丹後鐵道
trains.willer.co.jp/

丹後海陸交通
www.tankai.jp

🚌 在「京都」站搭乘丹後海陸交通的高速巴士於「天橋立」站下車／JR「京都」站下車轉乘京都丹後鐵道「天橋立」站下車／JR「京都」站下車，轉乘JR山陰本線特急はしだて1号天橋立行於「天橋立」站下車（每日每小時都有一班列車從京都直達天橋立站）

1

2

3

4

1 到山上有兩種交通工具，建議坐 cable car 上去 2 下來的話就坐 Lift Chair，可一直看到天橋立的美景 3 上來的人都會做這個動作 4 日本人覺得從跨下看天橋立，好像看到青松橋架在天空中一樣 5 沙灘上長滿了青松，你覺得像天橋嗎？ 6 上到這裡來，還有其他的休閒設施 7 大家可以跑到最高處看天橋立

黑松號

官網

　京都丹後鐵道的「黑松號」從福知山去到天橋立、或來往天橋立及西舞鶴之餘，在 2022 年更推出了 3 條路線，各有不同餐飲主題，所以也有「行走的餐廳」的美譽。這條路線除了有美食之外，沿途上還能飽覽一段美麗的日本海景色。這台「黑松號」由設計 JR 九州列車的水戶岡銳治先生設計，每週定時行走於丹後半島的山海之間。

　早上路線可以品嚐以當地蔬菜及食材製作的特色早餐，中午則可在懷舊車廂中享用懷石料理，享受北近畿的海鮮。愛甜點的人則可以試試車內的甜品套餐，不同時段也有不一樣的美食，也會隨季節而變化，任何時候搭乘都有嶄新的體驗。

🌐 travel.willer.co.jp/train/tantetsu
（可於網上訂座）

*各條路線只在周末等特定日子行走，目前每程乘客限20人。

1 車廂以高級餐廳的概念設計，沉隱內斂 **2** 午餐的懷石料理，14000 日圓起 **3** 早餐路線的其中一款套餐，5000 日圓起

相片提供：willerexpress.com

CHAPTER 5
更多特色行程
提案
KYOTO

春季賞櫻 一日地鐵行程

這裡一帶都可以看到櫻花

醍醐寺 → 午餐 南禪寺順正 → 蹴上傾斜鐵道 → 喫茶ソワレ → 購物 河原町 shopping → 晚餐 六傳屋

醍醐寺
P.105

從「醍醐」站搭地下鐵東西線於「蹴上」站下車
車程約 15 分鐘，再步行約 9 分鐘

南禪寺 順正
P.225

午餐

步行約 10 分鐘

從地下鐵東西線「蹴上」站搭車
於「京阪三条」站下車
車程約 3 分鐘，再步行約 10 分鐘

喫茶ソワレ
P.62

蹴上傾斜鐵道
P.223

步行

步行

晚餐

河原町 shopping
P.188

六傳屋
P.74

哲學之道 → 午餐 Café GOSPEL → 蹴上傾斜鐵道 → 八坂神社 → 円山公園 →

下午茶 長樂館 → 六角堂 → 晚餐 瓢斗

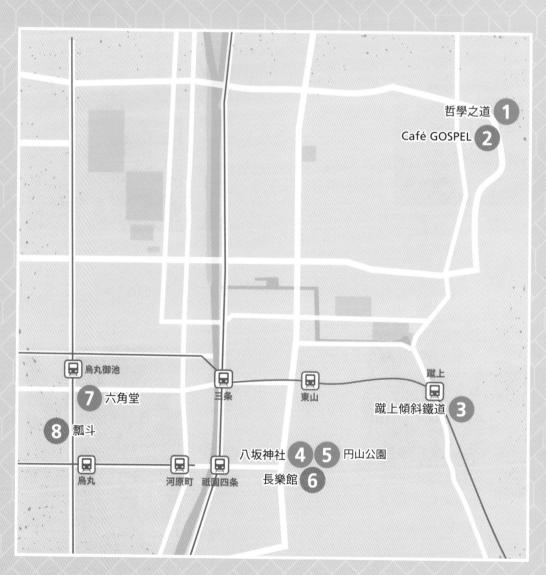

START

Café GOSPEL
P.68

哲學之道
P.219

午餐

步行約 10 分鐘

搭 5 號巴士於「岡崎法勝寺」站下車
車程約 10 分鐘，再步行約 11 分鐘

晚餐

蹴上
傾斜鐵道
P.223

瓢斗
P.81

步行約 5 分鐘

從地下鐵東西線「蹴上」站搭車
於「東山」站下車
車程約 2 分鐘，再步行 13 分鐘

六角堂
P.195

八坂神社
P.146

從長樂館附近的「祇園」站
搭 31 號巴士於「烏丸三条」站下車
車程約 8 分鐘，再步行約 6 分鐘

步行約 4 分鐘

步行約 3 分鐘

下午茶

円山公園
P.150

長樂館
P.65

京都咖啡、甜點、茶室 一日行程

這裡有提供輕食可當午餐

早餐 進々堂 → 二条城 → 午餐 二条小屋 → 甜品 法式甜點 PETIT JAPONAIS →

錦天滿宮及錦市場散步 → 下午茶 Weekenders Coffee → 晚餐 OMO Café

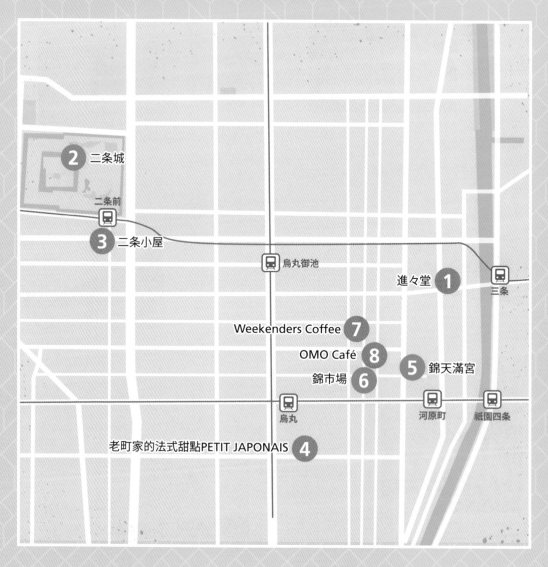

START

早餐 P.204

進々堂
P.204

二条城
P.170

步行 3 分鐘到地下鐵「京都市役所」站
搭地下鐵東西線於「二条」站下車
車程約 5 分鐘，再步行約 5 分鐘

步行約 8 分鐘

PETIT JAPONAIS
P.38

二条小屋
P.48

從地下鐵「二条城前」站搭東西線到「烏丸御池」站
再轉烏丸線於「四条」站下車
車程約 5 分鐘，再步行約 5 分鐘

步行約 11 分鐘

錦市場及
錦天滿宮散步
P.189、193

晚餐

Weekenders Coffee
P.50

步行約 5 分鐘

步行約 2 分鐘

OMO Café
P.207

世界文化遺產 行程1

宇治平等院 → 宇治上神社 → 甜品午餐 中村藤吉 → 西本願寺 → 晚餐 京都車站
一帶晚餐及 shopping

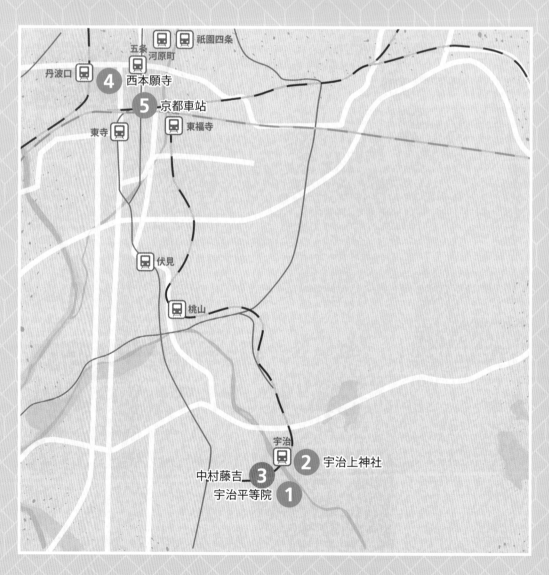

START

宇治平等院
P.258

步行約 12 分鐘

宇治上神社
P.259

京都車站一帶晚餐
及 shopping
P.115

步行約 15 分鐘

午餐

中村藤吉
P.257

步行約 11 分鐘

從「宇治」站搭 JR 奈良線於「京都」站下車
車程約 36 分鐘，再步行約 11 分鐘

西本願寺
P.126

世界文化遺產 行程 2

伏見稻荷大社 → 午餐 京都車站 Porta 地下街 → 清水寺或金閣寺或二条城 →

鴨川 → 河原町一帶 shopping → 晚餐 OMO Café

伏見稻荷大社
P.129

START

從 JR「稻荷」站搭 JR 奈良線
於「京都」站下車，車程約 7 分鐘

午餐

京都車站
地下街 Porta
P.121

鴨川
P.194

巴士（京都站前皆有巴士前往）

巴士

步行

清水寺或金閣寺或二条城
P.139、165、170

河原町一帶
shopping
P.188

步行

OMO Café 晚餐
P.207

這樣 暢銷最新版 去京都 排行程！

暢銷最新版
從新手到玩家 30+ 最強路線攻略，
200+ 食宿玩買必推景點全制霸！

作　　　者	沙米、阿希
責任編輯	李素卿
主　　編	溫淑閔
版面構成	江麗姿
封面設計	走路花工作室

行銷專員	辛政遠、楊惠潔
總編輯	姚蜀芸
副 社 長	黃錫鉉

總 經 理	吳濱伶
發 行 人	何飛鵬
出　　版	創意市集

發　　行　城邦文化事業股份有限公司
　　　　　歡迎光臨城邦讀書花園
　　　　　網址：www.cite.com.tw

香港發行所　城邦（香港）出版集團有限公司
　　　　　　香港九龍土瓜灣土瓜灣道 86 號順聯工業大廈 6 樓 A 室
　　　　　　電話：(852) 25086231
　　　　　　傳真：(852) 25789337
　　　　　　E-mail：hkcite@biznetvigator.com

馬新發行所　城邦（馬新）出版集團
　　　　　　Cite (M) Sdn Bhd
　　　　　　41, Jalan Radin Anum, Bandar Baru Sri Petaling,
　　　　　　57000 Kuala Lumpur, Malaysia.
　　　　　　電話：(603) 90563833
　　　　　　傳真：(603) 90576622
　　　　　　E-mail：services@cite.com.my

印　　刷　凱林彩印股份有限公司
　　　　　2024年 7 月 4 刷
　　　　　Printed in Taiwan
定　　價　420元

客戶服務中心
地址：115 台北市南港區昆陽街 16 號 5 樓
服務電話：（02）2500-7718、（02）2500-7719
服務時間：周一至周五 9：30～18：00
24小時傳真專線：（02）2500-1990～3
E-mail：service@readingclub.com.tw

＊詢問書籍問題前，請註明您所購買的書名及書
　號，以及在哪一頁有問題，以便我們能加快處
　理速度為您服務。
＊我們的回答範圍，恕僅限書籍本身問題及內容
　撰寫不清楚的地方，關於軟體、硬體本身的問
　題及衍生的操作狀況，請向原廠商洽詢處理。
＊廠商合作、作者投稿、讀者意見回饋，請至：
　FB粉絲團‧http://www.facebook.com/InnoFair
　Email信箱‧ifbook@hmg.com.tw

版權聲明
本著作未經公司同意，不得以任何方式重製、轉
載、散佈、變更全部或部份內容。
若書籍外觀有破損、缺頁、裝訂錯誤等不完整現
象，想要換書、退書，或您有大量購書的需求服
務，都請與客服中心聯繫。

國家圖書館出版品預行編目(CIP)資料

去京都這樣排行程：從新手到玩家30+最強路線攻
略，200+食宿玩買必推景點全制霸！暢銷最新版/
沙米、阿希. -- 二版. -- 臺北市：創意市集出版：城
邦文 化發行, 民112.05
面；　公分

　ISBN　978-626-7149-87-4(平裝)
　1.旅遊 2.日本京都市

731.75219　　　　　　　　　　　　112004792